# 壊れなかった街
## 「イーペル」

アルメイダ・フェルナンデス

米国
2024年

# インプリント

書名:壊れなかった街「イーペル」
著者: アルメイダ フェルナンデス



著者: アルメイダ フェルナンデス
連絡先: slushydoe@gmail.com

# コンテンツ


I. パリ

II.フランス戦線

III. 残された遺跡

IV アット グリップ

V. 英国のライン

VI: ユニークな都市

# I. パリ

バルコニーの見晴らしの良い場所からは、下の景色はまさに魅惑的です。眼下に広がる木のてっぺんは広大な森のように見え、その幹は路地や広場の絡み合った網の中に隠されており、まるでそびえ立つ山の頂上から眺めているかのようです。フランスの歴史の土壌にしっかりと根を張ったこれらの木々は、単なる植物ではありません。それらは彼らが繁栄する土地の本質を象徴しています。緑豊かな庭園とにぎやかな通りの間にあるほこりっぽい砂利の遊歩道で、二人の若い男女がラケットを使った熱狂的なゲームに興じている。ラケットは、小ブルジョワジーが好む多くの二流球技の 1 つである。フランス。彼らのジャケットと帽子は、生い茂るオレンジの木が入った趣のある木箱の端に置かれています。早朝の太陽の熱で汗だくの二人は間違いなく愛し合っている。一見軽薄で取るに足らないように見える彼らの遊び心のあるやりとりは、彼らのバブルの外の世界の重みとは対照的です。とても緊張感のある時間と場所で、この繊細な愛情のダンスをするのは、ほとんどばかげているように感じられます。彼らは、自分たちの周りで展開している深刻な危機、つまり自分たちが知っているもの、愛するものすべてを消費する恐れがあるという現実に気づいていない、あるいは単に気にしていないように見えます。

この同じバルコニーからは、パリのランドマークが驚くほど近くに立っています。ルーヴル美術館は目の前に広がり、その彫刻はジャン グジョンの作品からカルポーの傑作まで多岐にわたります。天才セザール・フランクが何十年も脚光を浴びずに隠されていた聖クロチルド教会。ケ・ドルセー駅は、終着駅が宮殿や寺院と同じ感情を呼び起こすことができることを証明した驚異の建築物です。スカイラインに誇らしげにそびえるアンヴァリッドのドーム。そして、海洋省が入っているコンコルド広場を囲む壮大なファサード。パリを単なる都市としてではなく、人類の偉業の象徴として理解している人にとって、この光景は深く感動的です。精巧な台座、成形品、彫刻を備えた海洋省の芸術性は、国の職人技の高さの証となっています。それを見つめることは、深い敬意と賞賛の場所に連れて行かれることを意味します。

それでもなお、支配的な感情は深い逃避のようなものです。このすべての美しさ、すべての遺産は、ある時点で危険なほど破壊に近づきました。それは、ラケットを持った若いカップルよりもさらにその価値を理解していない勢力、彼らが解体しようとしている文明の偉大さに比べれば、その認識はささやきにすぎない勢力の脅威にさらされていました。彼らはその無知が際限なく残忍であるのと同じくらい残酷な存在でした。パリは大惨事の危機に瀕したが、奇跡的に生き残った。これほど危険にさらされた都市はかつてありませんでしたが、幸運にもなんとか災害を回避することができました。通りには、救いの最後の希望である第6軍を乗せたタクシーが想像を絶するスピードで突進し、戦況を一変させ、おそらくは歴史そのものを変えた。

「パリの住民が反乱を起こし、私たちに慈悲を乞いに来ています！」ドイツ軍の偵察兵は、北へ向かって疾走するタクシーの群れをパニックの兆候と誤解したのだと考えた。しかし彼らが実際に目撃したのは、戦役の転換点となる第6軍の素早い動きだった。翌日その間違いに気づいたドイツ人将校は、「大きな不幸が我々を襲った」とただ思い返すことしかできなかった。実際、それは彼が予想していたよりもはるかに大きなものでした。

バルコニーからパリを眺めていると、実際に起こったことへの畏怖と相まって、何が起こり得るのかという恐怖が心を畏怖の念で満たします。市はあらゆる予想に反して逃げ出した。この出来事は単なる危機一髪ではなく、完全に把握することは不可能な、全くの驚異の瞬間でした。それはあまりに壮大で重大すぎて、頭で完全に理解することはできません。

パリの街路は、まだ復興しつつあるものの、今ではまるで日曜の朝のような独特の静けさを帯びている。いつもの賑やかな喧騒は、時折戻ってくるタクシーの轟音によって中断され、静かな静寂に取って代わられています。かつてパリの生活の必需品だった自動バスは、前線の後方に後退し、どこにも見当たりません。地下鉄は現在女性が乗務しており、主要な交通手段となっている。過ぎ去った時代から復活したかのような馬車のバスが大通りをガタガタと音を立てて走り、その運転手——がっしりとした陽気な農民の女性——は、黒いエプロンのたっぷりとしたひだの中で運賃を集めている。最も贅沢で不必要な店の多くは閉店したままですが、その他の店は営業の再開を待って静かに佇んでいます。それでも、労働者階級の地域の生命線である質素な食料品店は、誇大広告や自意識過剰もなく、通常通り営業を続けている。通りには、淡いブルーの服や黒の服など、さまざまな軍服を着た兵士が集まり、混沌としているが、なぜか統一感のある展示となっている。歩道には未亡人や孤児が点在しており、彼らの悲しみは深いながらも語られていない。喪に服している若い少女や女性の数は多く、彼らの分厚い黒いベールが、フランス陸軍省が認めた唯一の目に見える死傷者リストである。

かつてエネルギーと魅力に満ちていたパリは、今では変貌したように見えます。奇妙な場所ですが、それでも紛れもなくパリそのものです。危機はかろうじて回避されたという認識が高まり、フランス国家が現在行使している力に対する意識が高まりつつある中、パリの精神は毅然として立っています。フランス人は自分たちのアイデンティティを改めて理解するようになった。彼らは怒っていますが、冷酷にそうしています。彼らは負けてはいませんが、変化しています。この変化を目の当たりにすることは、まさに感動にほかなりません。パリは魔法にかけられており、日常生活のありふれた細部が奇妙なほど執拗に展開し続けているにもかかわらず、その回復力の美しさを増幅させる魔法にかかっています。

6 階の小さなアパートでは、眼下に広がる街の雄大さとの明らかなコントラストに気づくかもしれません。調理用のガスコンロが 2 つしかない質素なキッチンは、チュイルリー公園のオレンジの木の根元にあることが容易に想像できます。アパートは強迫観念に近いほどきれいに整えられており、すべてのアイテムが慎重に選ばれ、大切にされています。そのようなアイテムの 1 つが水彩画です。長い間忘れ去られていましたが、今では額に入れられ誇らしげに展示されています。このアパートの唯一の住人は、30代の未婚の裁縫師で、一日の収入はわずか3フランだが、彼女は質素なことで豊かである。彼女の富は物質的な所有物からではなく、自分の収入の範囲内で生活するという静かな規律から来ています。彼女は控えめな性格にもかかわらず、激しい気性を秘めており、結婚について言及すること、または確立された習慣を変えようとすることの 2 つのことだけが引き起こします。これらは彼女の存在の神聖な柱です。昨年の夏、義理の妹のカフェ経営を手伝うために彼女が小さな町を訪れたのは、ある種の休暇のつもりだった。それでも、彼女は何時間も立って、ほとんど理解できない群衆に奉仕するという考えに耐えられませんでした。やがて、パリでの生活の魅力に抗えなくなり、彼女の周りで激化する戦争にもかかわらず、彼女は戻ってきました。その旅は難民と負傷兵でいっぱいで、2泊3日かかる過酷なものでした。それでも彼女は言い続けた。パリに戻ると、戦争の爪痕は確かに残っていたが、ドイツ軍がカフェをそのまま放置したという知らせが彼女を迎えた。

旅について尋ねると、彼女は「ひどいものだった。3時間の旅が3日間立ち続けることになり、動く場所もなく、食べ物も飲み物もほとんどなかった」とだけ述べた。それでも、最終的には彼女は戻ってきました。戦争は彼女の人生を破壊しましたが、彼女の精神は破壊しませんでした。そのすべてを通して、彼女は変わらず、彼女の習慣はこれまでと同様に揺るぎませんでした。

そして、サンジェルマン大通りがあります。別の時代の名残である、古い壮大な邸宅です。 20年間鍵がかけられていた応接室には、過ぎ去った時代の重くて陰気な調度品が今も残っている。恐るべき意志を持った未亡人である家長は、自分の半分の年齢の女性と同じくらい活発です。彼女は朝5時に起床しますが、彼女の基準を完全に満たす料理人はいません。 50歳の独身の息子は麻痺があり、本や彫刻、新聞に囲まれ、車椅子で日々を過ごしている。彼らの会話は、投資、戦争、そして今後の不確実な未来に及ぶことがよくあります。悲惨な状況にもかかわらず、年老いた未亡人は毅然とした態度を保ち、ドイツ軍が敗北するなどとは決して信じていない。「彼らは決して負けることはありません。なぜなら、彼らには常に何か新しいものを発明する能力があるからです。」と彼女は主張する。彼女はめげずに、これまでと同じ正確さと権限で家庭を運営し続けています。

この家族の粘り強さとは対照的に、戦争によって人生が一変したファッショナブルな洋裁師、美しい女性の物語があります。かつて軍人だった彼女の夫は、現在は小さな行政職に就いているが、二人の幼い息子たちは依然として若々しいパリの優雅さを象徴している。しかし、彼らの生活の表面的な美しさにもかかわらず、戦争は彼らの資源を圧迫しました。かつては70人の従業員で賑わっていた彼女の作業場は、今では空になっています。洋裁職人は戦争によってもたらされた困難を振り返り、塩やチコリのような最も単純なものが入手できなくなったと指摘する。それでも、彼女は希望を持ち続け、正常な状態が戻るのを待っています。戦争は傷跡を残していますが、彼女の精神はまだ壊れていません。

これらの物語を通じて、都市として、また象徴としてのパリがその真の本質を明らかにします。混乱にもかかわらず、恐怖にもかかわらず、それは耐えます。そしてその忍耐の中に、消すことのできない美しさがある。

集まりの最後の瞬間、私はパリの中心部、折衷的なコレクションの豊富さで有名な家にいたことに気づきました。そこは、骨董品、磁器、精巧な扇子、そして壁いっぱいに現代絵画が散りばめられた家具など、古いものと新しいものが混在する場所でした。芸術作品の中にはピエール・ボナールとその同時代人によるフレスコ画があり、洗練された現代的な雰囲気を作り出していました。黒大理石のバルコニーからの眺めは息をのむほどで、パリのまさに中心部であるパリの珍しい視点を提供してくれました。ここは世界がぶつかり合う場所でした。作家、ミュージシャン、画家、管理者、そして何気ないファンがすべて同じ空間に集まりました。

その女主人はいつも親切で、私が何年も会っていなかった外務省の高官を招待してくれた。彼女が明確にそう言ったわけではありませんが、彼女の意図が、私が長年計画していた戦闘地域への旅行を促進することであることは明らかでした。私の古い友人たちも何人か出席していましたが、どれだけ多くの人が現役を避けてきたのかを見るのは驚くべきことでした。ある者は行政での役割のためやむを得ず、またある者は中立的な立場のため、または高齢すぎたり身体的に不適格であるとみなされたためでした。サービスのために。残念ながら数名が殉職し、部屋には空きスペースが残された。

賞賛を求める物品の美しい混沌の中で、会話は必然的に戦争のことになりました。淡いアルパカと黄色のブーツを履いた外務省職員は、黄色い本、白い本、オレンジの本、青い本のさまざまな色の本の背後にある意味を、冷静かつ権威をもって説明した。しかし、本当の、より差し迫った問題は放置されたままだった。ドイツの作曲家シューマンを含む音楽が演奏され、その進行に奇妙でありながら深い正常な雰囲気が加わりました。その後、文学が最前線に登場しました。ある小説家が、熱心に関わりたいと思って、『すべての肉体の道』というタイトルの本について私の意見を尋ねてきました。とても昔に書かれたものであるにもかかわらず、今でも国際的に話題になっていると知って彼は驚いた。彼はまた、彼にとって初めての名前であるジョージ・ギッシングについても興味を示した。

突然、薄暗いバルコニーの隅から声が聞こえてきて、私はびっくりしました。それは、このような文化的な議論の真っ只中には場違いに見える質問でした。

「誠実に、彼らはイギリスにいるドイツ人を憎んでいるのでしょうか？彼らは本当に彼らを憎んでいるのでしょうか？私はそれを疑います。私はそれを強く疑います。」

イギリス人であれば誰でもそうであるように、私は質問の率直な質問に驚いてぎこちなく笑いました。つかの間のエピソードは、短いものではありましたが、会話の流れを混乱させ、私たちの焦点を文学からより不快な話題に移しました。

夜が更けるにつれ、私が提案した前線訪問についての議論は行き詰まった。旅行の手配は完了していましたが、実際の出発のスケジュールを立てるのは不可能に思えました。そこで私は、歴史的、文学的重要性から長年魅了されてきたモーへの訪問を選択しました。モーは　10　世紀にノルマン人によって焼き討ちに遭い、14世紀には恐ろしい虐殺を目撃しました。この出来事は、特に貴族階級にとって、イギリスの歴史の中で顕著に取り上げられました。 17 世紀には、有名なボシュエ司教の本拠地でもありました。しかし、つい最近、第一次世界大戦中にドイツ軍はモーまで進軍し、パリの手前で阻止された。こうしてモーは、敵軍が到達するパリに最も近い地点の象徴となった。

モーへの旅行にも一定の手続きが必要でした。車なら半分の時間がかかるはずだったこの旅は、マルヌ川に沿って蛇行する列車のペースが遅かったため遅れた。しかし手続きは簡単でした。モーは人口わずか 1 万 4,000 人の町で、大聖堂がそびえ立っており、遠くから見ると町全体がこの堂々とした建造物だけで構成されているように見えました。

到着すると、私たちは厳粛な年配の男性が運転する馬車を借りました。その男性は、あまり熱意を示さず、戦争中に爆撃され焼かれた村、バーシーに連れて行ってくれると言ってくれました。彼は 15 フランとチップで、戦場を案内することに同意してくれました。ルート沿いの村々を指差しながらの彼の穏やかで諦めに近い態度は、旅に不気味な憂鬱感を加えた。私たちがペンシャール、ポワンシー、モンティオンの村を通過するとき、運転手はモーを短期間占領し、実際よりもはるかに大きな軍隊に直面していると信じていたドイツの偵察兵について話しました。

私たちの運転手は、予防措置として橋を爆破したラ・フェルテ・スー・ジュアールのイギリス軍司令部にドイツ軍がどのように騙されたのかを説明した。それから彼は最初の墓を指さした。それは白い旗、十字架、小さな花輪が目印の、シンプルだが感動的な墓だった。第 66 地区の兵士の墓は、ドイツ軍の撤退前の最後の必死の進撃の象徴でした。

さらに進むと、森林、小麦畑、時折墓石が点在する広大な平原を横切りました。この地域はかつて血なまぐさい紛争の地でしたが、現在は静かな余波を受けて自然に埋め立てられています。大地はまだ溝の傷跡が残っていたものの、今では作物や野生の花で覆われていました。土地はゆっくりと回復しつつあったが、風景のあちこちに点在する静かな墓には戦争の記憶が残っていた。白い旗と十字架でマークされた墓もあれば、単に番号が付けられ、墓の占拠者が不明な墓もあった。

私たちはドイツ軍によって破壊された農家に遭遇しました。家具は略奪され、ワイン樽は破壊されました。かつては見慣れた物がたくさんあったのに、今は空っぽで壊れたまま放置されているこの放棄された家の光景は、戦争の破壊を強烈に思い出させます。その家は、紛争によって破壊された生活の静かな証拠として立っていた。

かつては重要な戦場だったバーシーが目の前に迫ってきた。教会の塔は粉々に砕かれたものの、復興の象徴としてまだ立っていた。私たちは村を通りましたが、そこには再建されたものの、依然として激しい戦闘の痕跡が残っていました。新しい赤い屋根で修復された家もあれば、廃墟のままになっている家もあった。ひどく損傷した郵便局はまだ完全に修復されておらず、屋根が壊れ、窓が粉々になった教会は忘れられない光景でした。内部では、信徒席はほぼ無傷で残っていたが、祭壇と身廊は混沌とした破壊の混乱となっていた。

バルシーを離れるとき、私たちはさらに多くの墓、つまり兵士の墓を示す白い十字架が点在する風景の中を車で走りました。しかし、ドイツ兵の墓を示す、暗い十字架、黒い十字架もありました。名前や花輪のないこれらの墓は、かつてこの土地を占領した敵をはっきりと思い出させるものとして機能しました。白と黒の十字架のコントラストは印象的で、戦争によって生み出された深い分断を象徴していた。

私たちがモーに戻る途中、かつては戦場だった畑は今では作物で覆われ、その下にある墓を無視しているかのように、戦争の名残りを無視するかのようにその上に作物が生い茂っていた。収穫の時期を迎えた小麦とオーツ麦は、自然の回復力の証でした。

最後に、熟考と追悼の長い一日を終えて、私たちはモーの何の変哲もない駅に戻りました。カフェでは何事もなかったかのようにフランス人女性がお茶を出してくれた。しかし、パリに戻ったとき、前線を訪れ、墓や戦闘の残骸を見たという経験は、永遠に私の中に残るだろうと思いました。それは、前線は遠く離れていても、かつては私たちが想像するよりも近かったことを強く思い出させてくれました。

# II.フランス戦線

私たちは、私たちを待っていた係官たちに戒壇で出迎えられました。これはよくあることであることがすぐに明らかになりました。将軍であれ、大佐であれ、司令官であれ、立ち寄るたびに最高位の士官が立ち会って状況を説明した。そして、彼らはフランス人だけが持っていると思われる明晰さですべてを説明しました。それは、ロイターを通じてアングロサクソン国民に共有された戦争の初期段階を詳述する公式報告書に示されているように、並外れた才能でした。

私たちの4人からなる小さなグループには、たくさんの車と運転手が同行していました。一日中、でこぼこした荒れた道路をスピードを出して走っているときも、陸地を歩いているときも、そばに参謀がいないときはありませんでした。どれも私に役立つためだけに存在しているような印象を受けました。私たちの旅の細部はすべて慎重に整理され、全体の作業はスムーズに進みました。ルシタニア以前のアメリカ特派員の中で、努力する必要もなくすでに私の好意を勝ち取っていたフランス人に私ほど甘やかされたのは、彼の好意を必死に求めていたドイツ人に甘やかされた人はいないだろう。

挨拶の手続きを済ませた後、私たちは近くの大きな城の高いテラスに上がりました。そこからは、フランスの広大な大地が、きらめく半円を描きながら私たちの前に広がりました。遠くには、木々が不規則に点在する低い丘陵が地平線を示していました。川が風景の中を蛇行し、鬱蒼とした森林と小さな雑木林のパッチに流れ込んでいます。その向こうには、果てしなく続くブドウ畑がさまざまな斜面で上向きに伸び、谷から足元近くまで忍び寄っていました。はるか左側には、工場の煙突がそびえ立つ町が、煙もなく静かに佇んでいた。

農民の女性たちはブドウ畑で腰をかがめていて、大地は耕作で生き生きとしており、豊かな収穫をもたらしているように見えました。その光景は、輝かしい夏の午後を背景にした素晴らしいものでした。太陽が空高く垂れ下がり、巨大な紫色の影を落とし、鮮やかな緑の大地をゆっくりと横切っていきました。空気は平和、威厳、そしてフランスの土壌の静かな豊かさの感覚で満たされていました。

「あそこの丘に白い線があるのが見えますか？」警官の一人が大規模な地図を広げながら尋ねた。

道路だったのかなと思いました。

「あれはドイツの塹壕です」と彼は説明した。　「彼らは8マイル離れており、銃の位置は森の中に隠されています。私たちの塹壕はここからは見えません。」

私が初めてドイツ軍の塹壕を目にしたのは、記念碑的な瞬間でした。その光景は畏怖の念と深い悲しみが入り混じったものでした。私の考えは駆け巡りました。その線を越えたフランス全土は、私が立っている土地と同じような土地で、私の周りの人々と同じような人々が住んでいて、侵略者の圧政下にあるのです。その規模を理解しようとしたとき、ある認識が私を襲った。これらの塹壕はオステンドからスイスまで広がっており、それを建設したのと同じ人たちが北東のリガから南東のルーマニア国境までで同様の作戦に従事していたのだ。その瞬間、私はこう思いました。「この山賊たちは気が狂っているかもしれないが、彼らは壮大で恐ろしいやり方で狂っているのです。」

私たちは正面に到着していました。

最後の20マイルの間、私たちは一般人が立ち入り禁止となっている、厳重にパトロールが行われている道路に沿って運転した。参謀も追い返されないようにパスワードをささやきながら見張りの前を通り抜けなければならなかった。この地域の民間生活は停止されており、食事から次の食事まで不安定に存在していた。飛行機が頭上で轟音を立て、一見した平和を打ち砕きました。いかなる手紙も3日間の遅延なしに郵便局から発送することはできず、電報は非常に疑わしいものでした。鉄道駅に入るのは要塞に入るのと同じくらい難しく、残された制限された自由を享受できるのはパスポートまたは特別なパスを持つ人だけでした。しかし、このような状況の中でも、私には苦悩の兆候は見られませんでした。誰も眉をひそめたり、文句を言ったりしませんでした。誰もが巨大な軍事機構のためにこれらの措置が必要であることを受け入れているようだった。彼らは落ち着いて、自信に満ちた笑顔で待っていました。

民間生活が停止したと言うのは不正確だろう。軍事統制の層の下で、生活の基本的な側面は続いていました。土地は収穫を続け、ドイツの電線のもつれの端まで、作物は繁栄しました。役人たちは農民たちに危険を警告したが、彼らは「土地を耕さなければならない」とだけ答えた。

ドイツ軍の大砲が発砲し始めると、青い服を着た女性たちは森の避難所に消えていった。集中砲火が止んでから30分後、彼らは慎重に再び姿を現し、作業を続けた。ある農民は、一見平気な様子で、日よけのために傘をさしていた——それは男性だったが。

私たちは間違いなく最前線にいた。しかしその瞬間、正面は現実よりも抽象的に見えました。戦闘の音も破壊の兆候もなく、遠くの丘の上にドイツ軍の塹壕のかすかな青白い線がかろうじて見えるだけだった。遠くで雷鳴が響き渡りました。それは銃声だった。遠くに小さな煙が現れました。しかし、この短い騒乱は風景の静けさを損なうものではありませんでした。場面全体が、目の前に迫りくる戦争に無関心であるように見えた。しかし、この静けさの中でも、私たちは自分たちが巨大で危険な何かに直面していることを知っていました。

さらに少し進むと、前回の砲撃の余波、つまり大地にえぐられた巨大なクレーターが見えました。この突然の破壊の光景は、戦争を抽象的ではなく、より現実的に感じさせました。

「我々の前には8万人がいる」と警官の1人が風景に向かって身振りで言った。

「でもどこで？」私は理解するのに苦労しながら尋ねました。

「埋められた——塹壕の中に」と彼は答えた。

信じられないことのように思えた。

私は振り向いて尋ねました、「それで、他の人たちは——死者は？」

「彼らのことは決して話さないよ」と静かな返事が返ってきた。　　「しかし、私たちはよく彼らのことを思い出します。」

戦闘地域に少し近づいた私たちは、エンジニアパークであるジェニー公園を訪れました。そこでは、農家が使用していたものよりもはるかに危険な有刺鉄線の丘が見えました。これらのコイルは、近づきすぎた者を捕まえるだけでなく、引き裂くように設計されているようだ。地雷を補強するための材木の山、間に合わせの塹壕を築くための土の袋、運悪く巻き込まれた人を串刺しにするように設計された四尖の装置であるシュヴォー・ド・フリーズもありました。タールを塗った紙さえも、溝を乾

燥した状態に保つために保管されていました。物資の
量は驚異的でした。

近くではドイツ人捕虜の小グループが警備の下で単純
労働を行っていた。彼らはあたかも戦争がまだ終わっ
ていないことを知っているかのように、動き回ったり、諦
めたりした。ある将校は、捕虜交換の可能性について
言及したとき、ドイツ人は恐怖の戦線に戻るよりも捕虜
になることを望んで抗議したと語った。捕虜は残忍な様
子で、戦争の非人間的な影響をはっきりと思い出させ
た。

そこからそれほど遠くないところにある、工場内に設置
された病院、つまり救急車を見学しました。これは、前
線後方の更衣所から直接到着した負傷者にとっての最
初の停車地であった。電話で自動車が呼び出され、担
架を運ぶ人々よりも先に自動車が到着することが多
かった。負傷者は負傷してから 1 時間以内に手術を受
けることができましたが、病院のスタッフや設備の多くは
機動性があり、必要に応じてすぐに移動することができ
ました。

ある病院では、突然の搬送命令に迅速に対応し、60分
以内に全員が避難したこともあった。私たちは施設内
を巡り、エーテルの匂いがプンプンする小さな病棟、手
術室、保管エリアを通過しました。患者の数は少なかっ
たが、医師の疲れた顔は、密室で行われたであろう膨
大な労働を物語っていた。

広大な中庭にテント病院があり、すぐに移動できるよう
になっていた。医療スタッフは屋内で静かに働き、次の
危機に備えている一方、屋外では消毒装置を積んだワ
ゴンが待機し、すぐに出動できるよう待機していた。

私たちのツアーは、丘の上の広大な麦畑にある航空公
園への訪問で続きました。そこでは、砲撃を指示するた

めに使用される飛行機を収容する格納庫が見えました。飛行機には専用の輸送車両があり、損傷した場合には陸路で輸送する必要がある場合もありました。担当の士官は南部訛りの若い下士官で、無線機器を見せてくれたり、コックピットに座る機会を与えてくれたりして飛行機の性能を実演してくれました。飛行には不向きな天候にもかかわらず、彼はエンジンを回転させ、後方の小麦を曲げ、帽子を吹き飛ばすような隙間風を生み出しました。

その後、敵機を撃墜するために特別に設計された対空砲を見せてもらいました。警官は銃の仕組みについて詳しく説明してくれました。説明は30分近く続きましたが、その多くは私の理解を超えていました。しかし、これらの銃が致命的な精度で標的を攻撃するように作られていることは明らかでした。

私たちの最後の目的地は、有名なフランスの大砲である 75 番地でした。私たちはその操作、装填と発射の精度、反動の速度を観察しました。私たちが試してみることを提案したところ、警察官はすぐに同意してくれました。すぐに銃は発砲準備が整いました。鋭い衝撃音とともに砲弾が発射されたが、その軌道は見えず、目的地も不明だった。　2発目の砲弾が念のため発射され、砲兵たちは次に何が起こるかに備えて準備を整えた。

私たちは再び地球への下りに乗り出し、さらに数ヤード進むと、予想外に溝が 3 つの方向に分かれています。混乱が始まります。私たちはどの道をたどればよいのかわかりません。そして、私たちと同じように迷っている後ろの警官もわかりません。私たちを先導するはずの警官は30ヤードほど先にいますが、私たちが呼びかけても応答はありません。私たちは溝から這い出て地表に出ると、見渡す限り荒涼とした荒野が広がっていました。我々の同志の痕跡はおろか、痕跡すらない。人の気配のない地面は、私たちを嘲笑しているようです。こ

れ自体が、塹壕戦の広大さと孤立性を示す厳しい証拠
となっている。

一瞬のパニックの後、ついに警官が現れ、私たちを正
しい道、右端の塹壕に案内してくれました。私たちは、
うだるような暑さの中、完全に方向感覚を失って歩き続
けます。私たちの方向感覚は完全に失われます。

やがて、線路が交差する道路の一部に到着します。遠
くに、空を背景に動かないドイツの捕虜気球が見えま
す。かつては進歩と効率の象徴だったこの鉄道は、現
在は放棄されたまま放置されており、信号線はぐったり
としたリボンのように垂れ下がり、線路は錆び付いてい
る。その光景は忘れられないほどだ。かつては繁栄し
た文明国だったこの国で幹線がこれほど無視されるの
を目撃するのは、ほとんど理解できないことだ。人は、
私たちが目撃しているのは失われた文明の残骸、戦争
の狂気によってその魂が消されたのではないか、という
疑問を抱き始めます。

この特別な鉄道区間はドイツ人にとってもフランス人に
とっても役に立たない。フランス領土内にありますが、ドイ
ツ軍の砲撃にさらされすぎていて役に立ちません。
線路は約 10 キロメートルにわたって残り、侵略の無意
味さを示す悲劇的な記念碑となっています。そこは絶
望を呼び起こす場所だ。

旅は続き、ついにフランスの突出部の先端にある村に
到着します。私たちの目の前の光景は胸が張り裂ける
ようなものです。村は完全に破壊されました。遺跡は戦
争の悲惨な光景です。瓦礫の中に、私たちは奇妙で
不穏な残骸を見つけます。壊れた階段の段差で休む
テディベア、瓦礫に半分埋もれたベッドフレーム、そし
て今も壁に掛かっている檻の中の鳥の骸骨などです。
この地域全体が砲撃の温床となっており、住民は容赦
ない暴力の連鎖に巻き込まれている。しかし、混乱にも

かかわらず、少数の民間人は退去を拒否している。男性7名、女性10名、合計17名が頑固にその場に留まっている。私はある年配の女性と話をしましたが、彼女は危険などなく、人生は続けなければならないと主張します。次の瞬間、私たちが立っている場所からわずか100ヤードのところで砲弾が爆発しました。それは彼女の信念の不条理と、私たちを取り巻く戦争の残酷な現実を厳粛に思い出させます。

かつては聖域であった村の教会は、今ではかつての面影はありません。屋根はなくなっていますが、重力に逆らっているように見える2つの細いアーチが残っています。祭壇には悲しい花が数本生けられている。破壊にもかかわらず、ミサは今でも毎週日曜日に執り行われており、これは人間の精神の忍耐の証です。私たちは村の司祭、レジオンドヌール勲章を着たひ弱な男性に会いました。彼の目には、彼の長年の重みと、彼をこの見捨てられた場所に留め続けた揺るぎない決意の両方が見て取れます。

私たちは溝を通って旅を続けますが、今では地下通路の迷路のように見えます。太陽の熱は感じられますが、目には見えません。壁には「Tranchee de repli」や「Guetteur de jour et de nuit」（昼も夜も監視する人）などの標識が道を示しています。一つのドアを開けると、中にはほとんど幽霊のような青白い男が暗闇の中でじっと立っているのに遭遇します。彼は何も語らないが、その静かな存在は不安を与える。

その先には、廃道と広大な有刺鉄線の網が垣間見えます。道はさらに曲がりくねり、崩れかけた家と馬小屋で作られた仮の砦に到着します。遠くでライフルの射撃音が鳴り響くが、その音は見えない。私たちは機関銃室を見せられ、そこで銃口が少し露出され、それから私たちは地下の避難所、避けられない砲撃からの避難所に案内されます。

それから私たちは男性の宿舎に向かい、そこで「ボンジュール、レ・ポイリュス！」という鳴り響く声で迎えられました。司令官から。彼の明るい笑顔と活発なジェスチャーは伝染します。兵士たちは誇りと熱意を持って敬礼し、その態度は激しい献身的な感覚に満ちています。中でもひときわ目立っていたのは、鋭い視線と存在感を持った男だ。彼のボディーランゲージは、あたかも「私は自分の価値を知っており、この大義に完全に専念している」と言っているかのように、揺るぎない自信を語っています。ある若い士官は、彼らは野獣のような野性と天使の純粋さの両方を持っていると述べました。これは深い洞察であり、私は感心せずにはいられません。

秋からこの村に駐屯している連隊は救援を拒否しており、そのエネルギーはまるで到着したばかりのように新鮮である。兵士たちの快適さは驚くべきものです。彼らは、彫像のある小さな庭園、レクリエーションのための体育館、さらには舞台と衣装を備えた劇場まで建設しました。外の混乱とは対照的に、これは彼らの回復力と適応力を物語っています。

私たちの最終目的地は第一線の塹壕で、その経験はこれまでに見たものとは異なります。この塹壕はきれいに掃除され、よく整備されているものの、私たちが戦争で連想してきた泥だらけの悲惨な水路とはほとんど似ていません。代わりに、それは長い木製のギャラリーに似ています。側面、天井、床がすべて木材で作られており、職人技は初歩的だが、機能的で驚くほどすっきりしている。

この建設には技術者は誰も関与していないと聞いていますが、前線で最も独創的な位置の 1 つとみなされています。塹壕は薄暗く、小さな抜け穴からは狭いながらも重要な外の地域の眺めが得られます。抜け穴は、兵士が敵の砲火に完全にさらされることなく、そこから武器を向けることができるように配置されています。それぞれの抜け穴には、割り当てられた兵士の名前が記されており、隙間の間には愛する人の写真やポストカードが貼られており、彼らが守るために戦っている命を痛切に思い出させます。

抜け穴から覗いていると、遠くに敵の塹壕が見え、荒涼とした土地によって私たちから隔てられています。両者の近さは明白です。この紛争を特徴づける塹壕戦は、フランスとドイツの双方にとって避けられない現実である。息が詰まるような緊張感が漂い、この戦争が単なる戦略や資源の問題ではなく、生き残りの問題であることが明らかになりました。

塹壕を出て司令官の宿舎に戻ると、さらにシャンパンが出迎えてくれます。この祝賀会は前線の恐怖からの解放を歓迎するものであり、雰囲気は友情と尊敬に満ちています。司令官は、揺るぎない自信と魅力を持って集会を主宰します。彼のリーダーシップは、フランス軍の他の多くのリーダーと同様、賞賛と忠誠心を呼び起こします。

最後の気の抜けた瞬間に、戦闘のさなか、村の司祭にミサを捧げてもよいかと尋ねた中尉の話が語られる。司祭の答えは単純だが深いものだった。「あなたが司祭なら、あなたはそうするでしょう」 5月。"そして中尉は軍服を着て破壊のただ中で部下のためにミサを捧げた。

出発の準備をしていると、遠くで砲撃の音が響き渡ります。改めて緊張感が伝わってきます。爆発が周囲の大地を揺るがす中、私たちは身をかがめながら急いで溝に移動しました。警察官は私たちに、最初の爆発の後に起こる破片への予防措置として、立ち上がる前に5つ数えるよう指示しました。私たちは頭を下げ、感覚を鋭く保ちながら、慎重に動きます。

この戦争では、時間と空間はすべての意味を失います。最前線は常に危険にさらされ、生と死がほんの数センチの境にある場所です。しかし、暴力と破壊の真っ只中にも、否定できない目的意識、すべてがあっても勝利はまだ手の届くところにあるという信念が残っています。

# Ⅲ．遺跡Lそれはです

エペルネ街道に沿ってランスに向かうと、一見すると典型的な風景が現れます。日常はいつものように前進しています。かつて必要だった税関検査はなくなり、街には日常の喧騒があふれています。女性たちは、若くて印象的な人もいますが、あなたの車が通り過ぎるのを無関心に見ています。暖かな日差しの中、子どもたちは走り、声を上げ、のびのびと遊びを楽しんでいます。小さなカフェやショップは毎日の取引で忙しく、ドアを開け続けています。パン屋はせっせと働き、地元の中年の人々は物思いにふけりながら静かな日常を続けている。兵士もいますが、それは珍しいことではありません。平時であってもフランス全土のほぼすべての主要都市に兵士が駐留している。一言で言えば、この光景は、市内中心部に向かう途中の貧しい郊外の通りによく似ています。

しかし、2分も経たないうちにすべてが変わります。少し車を走らせると、生活が完全に消え去った地区に入る。この地域は被害を受けただけではなく、破壊されました。建物は部分的には残っていますが、修復不可能なほど荒廃しています。地下室から始めて、ゼロから再構築する必要があります。この地域は生命の手が入っていない荒野であり、破壊の証です。大きな家も、小さな家も、店舗も、すべて同じように被害を受けています。ファサードは健在で、無傷のものもあれば、不安定に傾いているものもあるが、内部は瓦礫の山に過ぎない。場所によっては、床全体が消えて、露出した壁だけが残っているところもあります。他の場所では、床が重力に逆らって奇妙な角度で垂れ下がっています。かつては家や仕事場だった場所は、今では認識できない廃墟の山と化しています。瓦礫の山の中からは、浴槽、鏡の一部、タペストリーの一部、鍋など、家庭用品の破片が見つかります。葬儀の花輪さえも今でも店に飾られており、日常生活の奇妙な名残です。電話線と電信線が折れた電柱にからまり、だらりと垂れ下がっています。プロテスタント教会の時計は6時15分で止まっています。

敵が発射した砲弾は、その破壊において気まぐれであるように見えます。　1発の砲弾は中庭にドイツ軍全員を埋めるのに十分な大きさの穴を開けるだけだが、もう1発の強力な210mm砲弾は内壁を突き破り、その下の地下室を開放する。信じられないことに、そこには10人が避難しており、奇跡的に怪我人は一人も出ていない。一方、「The Good Hope」や「The Success of the Day」などの古い店の看板は掲げられたままで、そのメッセージは今では大惨事を前にして嘲笑しているに等しい。

この地区の住民、そしてランスの他の多くの住民がいなくなった。命を落とした人もいれば、エペルネやパリなどに逃れた人もいる。彼らはすべてを後に残しましたが、ある意味では何も残さなかったのです。この悲劇はあまりにも広大で計り知れないため、その範囲を完全に把握することは不可能です。しかし、その恐怖の中にこそ、廃墟には不思議な美しさがあり、奇妙なことに、破壊された近代建築であっても、時として廃墟はある種の壮麗さを帯びることがある。黒ずんだ石積みと対照的な淡い色の寝室の壁紙、混沌の中にギザギザの柱のように突き出た家の一部のイメージが心に残ります。それはドイツ軍によってもたらされた損害の象徴として機能します。

この破壊は偶然ではなく、まさにドイツ人がフランスに渡ったときに意図したものです。家庭、企業、生活を破壊し、喜びを悲しみに変えることが、最初からの目標でした。これは軍事計画立案者と指導者の仕業であり、冷酷な科学的意図をもってこの破壊を考案しました。その残酷さは明らかですが、さらに壊滅的なのは、そのまったくの無駄さです。無意味さが心を圧倒します。政治的貪欲から生まれたこの破壊は、宗教紛争によって引き起こされた場合よりもさらに恐ろしいもののように見えます。それは忌まわしい時代錯誤であり、現代世界には場違いに見える過去の時代の悲劇的な遺物です。

奇妙なことに、完全には消滅していない近くの地区で、男性が荷物を抱えてタクシーに乗って帰宅する。召使いの少女はドアのところで待っていて、人生は、いくつかのポケットの中で続いていることを簡単に思い出させてくれます。もう一つの奇妙なことに、戦争直前に住宅の建設を始めていた不動産所有者が、この混乱の真っ只中に建設を再開した。そして、エスプラネード セレスでは、周囲の荒廃にもかかわらず、噴水は静かに流れ続け、ドイツ軍の塹壕がわずか 2 マイル離れたところにあります。

理性のある人であれば、この破壊の地理を見て、ドイツ人が特に大聖堂を狙っていたと結論付けることは不可能です。攻撃の矢面に立たされた街路をたどると、ドイツ軍が大聖堂を砲撃しようとしていたことがはっきりとわかる。被害の大部分はこの象徴的な構造物を中心に発生しています。

しかし、驚くべきことに、大聖堂は立っています。

ホテルや大司教の宮殿が廃墟となり、周囲は平らにならされていますが、大聖堂は荒廃の中でも挑戦的な姿勢を保っています。外側の屋根は失われ、石積みの多くは崩壊し、彫像の多くは破壊されるか、グロテスクで拷問された形に歪んでいます。しかし、大聖堂はその核心と形において、耐久性の証しを残しています。塔は傷はありますが、力強く威厳を持って立っており、その荘厳な存在感は揺るぎません。確かに、損傷は計り知れず、複雑な彫刻、ガラス窓、装飾的な内装はほとんど失われてしまいました。しかし、大聖堂の構造の完全性はドイツ軍の大砲の猛攻撃に耐えました。それは決して同じになることはありませんが、それでも存在し、圧倒的な可能性を前にして反抗の灯火となっています。

ドイツ人はおそらくイライラして、怒りの標的として大聖堂を利用しているようだ。彼らが砲弾を発射するのは、それが戦略的価値を持っているからではなく、それが彼らが軽蔑しているもの、つまりフランスの誇りと文明の象徴を表しているからです。フランス軍はガラスの一部を取り除いて防御しようとしたが、そのたびにドイツ軍の砲弾が飛んできた。容赦のない砲撃は続き、24 時間以内に 3,000 発の砲弾が大聖堂またはその近くに落ちましたが、構造物は持ちこたえました。ドイツ軍は攻撃に榴弾ではなく榴散弾を使用しており、大聖堂を破壊するつもりはなく、苦しめたいと考えていることが明らかです。それは無駄な行動であり、壊れないものを壊そうとする無駄な試みです。

初めて大聖堂に到着したとき、数日間は平穏な日々が続いていたと言われました。しかし、翌朝私が戻ると、さらに5発の砲弾が近くに落ちていました。私は東の壁の基部で爆発した 155 mm 砲弾による被害を直接見ました。私は前の晩にそこに行っていましたが、その時は確かに穴はありませんでした。作成されてからわずか 2 時間後の午前 8 時 20 分に私がそれを確認すると、そのすぐ横で新聞配達員が朝刊を差し出してきました。砲撃による残骸は生々しいものだったが、驚くべきことに大聖堂はそのまま残っていた。

その日遅く、私たちはランスのホテルで昼食をとりました。ホテルは閉鎖期間を経て最近再オープンしたばかりでした。女将さんとその親戚が私たちに給仕してくれましたが、二人ともまだ喪に服しています。最近砲撃があったにもかかわらず、ホテル内の雰囲気は妙に穏やかだった。女性たちはストイックな無関心で破壊を乗り越え、何事もなかったかのようにプロフェッショナリズムを持ってゲストにサービスを提供し続けました。このような惨状に直面したときの彼らの冷静さは感動的でした。外では太陽が輝いていて、生活は変わったものの、続いているように見えました。犬は通りで遊び、子供たちは木の下をさまよいました。街は破壊されたにもかかわらず、人々の回復力は明らかでした。

昼食時には、マルヌ川とエーヌ川の戦いや塹壕を戦い抜いた士官数名が私たちに加わった。彼らは恐ろしい経験をしたにもかかわらず、誰も負傷していませんでした。彼らは、自分たちが目撃した恐怖について非常に洗練された穏やかな口調で語りましたが、同時にフランスの兵士や民間人の勇気と英雄的行為に対する賞賛の意も表明していました。ある将校は、敵陣の間の屋外で捕らえられたとき、「フランス万歳！」と叫び続けた兵士についての話を共有した。何度も撃たれたにもかかわらず。体が銃弾だらけになっても、彼の勇気は不屈だった。

食事の後、私たちは戦争で一変した町や野原を通りながら、戦争で荒廃した田園地帯を旅を続けました。私たちの周りのすべてのものは、最も日常的な活動さえも、紛争に奉仕しているように見えました。しかし、破壊の中でも、奇妙な美しさの瞬間がありました。明るい太陽の下で花を咲かせる果樹園や、未知へ向かって私たちを導く並木道。アラスに近づくにつれ、戦争の存在は否定できませんでしたが、それにもかかわらず、生活は——どういうわけか——続いていました。

ついにアラスに到着すると、街を襲った荒廃の程度に疑いの余地はありません。かつての姿を一瞬だけ見せてくれるランスとは異なり、アラスはすぐに本当の姿を現します。あなたが最初に遭遇する通りは、まったくの荒涼とした、空虚で不吉な光景です。汚れたカーテンがボロボロのシーツにぶら下がっており、粉々になった窓からはみ出している。どこを見ても砲弾の残骸がはっきりと残っています。建物の破片が道路や歩道に散乱し、かつて家があった場所には草が生えている部分が点在しています。市内を進むと、かつては壮麗であったものの、現在は廃墟となっている大きな円形広場に到達します。周囲のどの建物も同様に悲惨な状態にあり、不気味な静寂が漂っています。轟音を立てた大砲の射撃の間の短い瞬間、静寂を破る唯一の音は、空の窓枠に当たるブラインドやカーテンのカサカサ音、または緩んだシャッターのかすかに空振りの音だけです。街路を徘徊する猫は一匹もいない。私たちは完全に孤独で、同行しているのは少人数の参謀のみで、この戦争で荒廃した風景を渋々案内してくれる。私たちは、かつて活気に満ちていた場所を冒涜する侵入者であるという感覚をぬぐうことができません。

私たちの向かい側の家に砲弾が命中し、正面全体が引き裂かれました。ぽっかりと空いた穴からは、1階の応接間とその上に寝室が見えます。ベッドはきちんと整えられており、白いリネンはまだきれいで、まるで外の混乱の影響を受けていないかのようです。不思議なことに、すべてが不気味なほど静止しています。床が傾いているにもかかわらず、家具はまだ下の道路に倒れていません。この寝室はまるで美術館の展示品のようで、あたかも観光客向けに展示されている有名人の寝室のようで、手つかずのまま保存されているものの、本来の機能からはかけ離れています。外では、椅子が数脚、家から叩き落とされ、瓦礫に囲まれて通りに逆さまに放置されている。あらゆる方向に道が分岐していますが、静寂で草と廃墟が生い茂っています。

「見てください、私の要塞がここにあります！」指揮官は痛烈な皮肉を込めて言う。「その戦略的重要性に注目してください。すべての面が開いています。まるで風車であるかのように、すぐに中に入ることができます。それでも彼らは爆撃します。昨日、彼らは1時間にわたって毎分20発の砲弾を市内に撃ち込みました。まったく無意味な破壊です」．しかし、それが彼らのやり方です！

さらに街の中に進むと、景色はさらに奇妙になっていきます。ある家は屋根だけになり、今では一種の凱旋門を形成しています。あちこちで、まだ花を咲かせている鉢植えが、壁にぴったりとくっつけられているか、窓枠に吊り下げられています。道路は粉末ガラスの細かい層で覆われています。電話線や電信線は、放棄されたクモの巣を思わせるように、太く絡み合って垂れ下がっており、しばしば進路を妨げ、避けなければなりません。廃墟となった建物内では物が動く音や落ちる音が絶えず聞こえ、不気味な雰囲気を醸し出しています。その時、突然、静寂を突き破る音、赤ん坊の泣き声が聞こえた。これは、都市が破壊されたにもかかわらず、完全に放棄されたわけではないことをはっきりと思い出させます。女性が家から出てきて、後ろ手で慎重にドアに鍵をかけた。彼女は砲弾の脅威からそれを守っているのでしょうか、それとも泥棒を防ぐためでしょうか？歩いていると、歩道からパイプが現れ、青い煙を出していることに気づきました。これらのパイプは、わずかに残っている住民が地下室をその場しのぎの生活空間、つまり一見安全な応接室や寝室に改造したことを表向きに示している。

私たちはそのような地下避難所の一つに降りていきます。高級家具を備えた１階の応接室は砲弾によって破壊され、豊富な彫刻と粉々になった壁やカーテンの破片が埃の層の下に混在しています。しかし、頑丈なアーチ型の屋根と重厚な外観を備えた地下街は、よく整理されていて、きちんとしていて、驚くほど居心地がよく、混乱の中でもささやかな快適さを提供してくれます。入り口は注意深く保護されており、住民をさらなる砲撃から守っています。

「それでも」と家の所有者は肩をすくめて言いました。「210 mm の砲弾ならすべてを貫通してしまいます。それでは終わりです。」彼は諦めの気持ちで手を挙げており、彼の宿命論は、長い苦しみの歴史を持つこの都市そのものの宿命論とほぼ一致している。アラスは数え切れないほど包囲され、破壊されてきました。最初のヴァンダル人は繰り返し攻撃し、続いてフランク人、9 世紀のノルマン人、その他さまざまな侵略者が攻撃しました。15 世紀、シャルル 6 世は 7 週間にわたって包囲しましたが成功しませんでした。ルイ 11 世の時代には残酷な扱いを受けました。最終的にスペインの統治下に落ちましたが、再度の包囲を経て1640年にフランスが取り戻しました。それ以来、革命と、もちろん現在の惨状を除けば、この街は比較的平穏な時期を過ごしてきました。ここに残った人々は、苦しみに耐える驚くべき能力を受け継いでいるようです。

私たちが歩道から立ち上るストーブのパイプに最初に気づいた通りに、標準的なフランス郵便の制服を着た郵便配達員が現れ、見慣れた黒い財布箱を腰から下げ、耳の後ろにペンを持っていました。彼は家から家へと移動し、他の都市では普通に見える方法で手紙を届けます。ただし、ここでは、彼はノックもせずに、ただ空の窓枠に手紙を滑り込ませるだけです。それは、日常的でありながら非現実的でもある印象的な画像であり、荒廃の中での生命の存続の証です。

私たちは旅を続け、聖ヴァースト大聖堂に到着します。この大聖堂は、廃墟の状態でも目立つ、市内の印象的な建造物です。建築評論家からはあまり高く評価されていませんが、アラス大聖堂は巨大でシンプルなバロック様式のため、砲撃の矢面に立つのに最適です。その広大で平らな表面は無数の衝撃を吸収しましたが、建物の強度は残っています。砲撃による傷跡ははっきりと目立ちますが、大聖堂の壮大さを損なうものではありません。むしろ、それらはその陰鬱な美しさをさらに高め、破壊の中での宗教的献身の象徴となっています。この場所を砲撃したドイツ軍司令官は、大聖堂の悲劇的な素晴らしさに貢献しただけです。荒廃にもかかわらず、大聖堂の存在は荘厳であると同時に忘れられないものであり、有名なランスの大聖堂よりもはるかに印象的です。

北翼廊には、325　mm　の砲弾が、巨大な生き物が通り抜けるのに十分な大きさの大きな穴を作り出しました。しかし、この残骸の真っ只中にさえ、驚くべき並置があり、近くにはカフェがほとんど手付かずのまま残っています。グラス、マグカップ、椅子は、ほこりをかぶったまま、そのまま放置されています。ガラスを取り出すために窓から簡単に手を伸ばすことができますが、その光景は不条理に静止していて、まるで街が時間の中で止まっているかのようです。近くの古い家は垂木がむき出しになっており、天井からは梁が落ち、今は屋外で炎に焼かれている。

破壊にもかかわらず、生命は存続します。さらに進んでいくと、今も営業している八百屋に出会い、荒廃した世界に奇妙な正常の様子を見せてくれます。大聖堂の周りを一周して市庁舎に到達すると、さらに多くの遺跡に遭遇します。16 世紀に建てられ、19 世紀に注意深く修復された市庁舎は、現在は廃墟となっています。その後ろには、錆びだらけで放置された自動車があり、周囲の荒廃の悲しい象徴となっている。この車両は、時の経過を経ることなく、進行中の戦争のさなかに静かにたたずみ、この街の静かな苦しみを痛切に思い出させます。

市庁舎の右側に、レンガ、石、瓦礫の山が並ぶ奇妙な光景に遭遇します。これらの塚には、家や、人間と認識できるものさえまったく似ていません。それらは単なる瓦礫の山であり、かつて街の最も重要な通りだったものの跡を示しています。活気と商業に満ちていた通りは消え去り、その性格は容赦ない砲撃によって消失した。最終的には再建されるかもしれませんが、決して同じになることはありません。

興味があったので、「この通りの名前は何ですか？」と尋ねます。

グループの警官は誰もアラスの主要ビジネス街の名前を思い出せなかったし、尋ねられる地元住民も見当たりませんでした。かつてそこにあった建物と同じように、まるで通りの名前そのものが記憶から消え去ったかのようでした。旅行ガイド、百科事典、地図でそれを検索したにもかかわらず、それはとらえどころのないままで、歴史の中に失われ、遠い時間のどこかに隠されていました。

通りの荒廃はそれ自体が不幸ではなかった。それは単に市庁舎を狙ったドイツ軍の大砲の進路上にあっただけだ。この街が受けた破壊は軍事的焦点の副産物であり、通りそのものとは何の関係もなく、むしろ市庁舎が主な標的となった。ドイツ人は市庁舎に軍事的利益を持たず、戦略的価値もありませんでした。しかし、それはアラスで最も壮大な建造物であり、地元の人々に愛され、その魅力はかけがえのないものでした。これにより、それは象徴的なターゲットになりました。あたかもドイツ軍は市庁舎を直接狙うのではなく、まるで兵士の子供を人質にとって降伏しなければ重傷を負わせると脅すかのように、市庁舎の周囲すべてに危害を加えることによって間接的に市庁舎を攻撃しているように感じられた。この行動が軍事的論理の結果であったにせよ、純粋な狂気であったにせよ、それは人々にとって非常に重要なものに対する意図的な攻撃でした。

市庁舎の正面に着くと、ドイツ軍がいかに市庁舎に力を注いでいたかがよくわかりました。市庁舎は広大で印象的なアーケード付きの広場の端にあり、その均一な建築は紛れもなくスペイン占領時代のものです。この広場と、少し離れたところにあるほぼ同じ双子の広場を見ていると、アラスがかつては雄大さに満ちた高貴な都市であったことが明らかになりました。驚くべきことに、広場自体はほとんど砲撃を受けていませんでした。ドイツ軍はすべての砲撃を市庁舎に集中させ、より貴重な建物が廃墟のままであることを確実にしたため、広場には砲弾が無駄にされなかった。

私は広場の向こう側からアーケードの下に立って雨をしのぎ、廃墟となった市庁舎の大まかな輪郭をスケッチしました。自分のスケッチと同じ場面を描いた古い版画を比較すると、破壊がさらに明らかになりました。 1階の列柱には、輪郭を保ったままいくつかのアーチがまだ残っていたが、ファサードの上部は瓦礫と化し、壁の断片が残っているだけで、2つの窓穴が現れた。屋根全体がなくなり、建物の左側に後から増築された部分は完全に消失していた。市庁舎の右側にある初期の彫刻が施された石積みはまだ残っていたが、ひどく損傷した。かつてはフランスで最も高かった約250フィートの誇りだった鐘楼は姿を消しました。残ったのは、巨人の折れた歯のようなギザギザの切り株で、元の屋根線よりも数フィート高い高さまで頑固に伸びていました。遺跡の周囲にはゴミや瓦礫の山が積み重なり、悲惨な光景を作り出していた。

アラスはドイツではなくフランスにあることを忘れないでください。この事実は重要である。なぜなら、当時のドイツは国境を守り、文明の最高の理想と考えられるものを擁護して防衛戦争を戦っていたとされるからだ。しかし、私たちがここアラスにいたのは、ドイツでは例のないレベルの破壊に見舞われたフランスの都市でした。ドイツ人は征服するためではなく、自らを「守る」ためにベルギーを通ってフランスに進軍した。そうすることで、彼らは自分たちの文明を守るという名目で、アラスの美しさを消し去り、認識できない荒野に変えました。もしドイツ人が本当に故郷を守っているのであれば、どうしてそのような行動を正当化できるのか理解するのは難しい。彼らが征服と破壊の戦争を行っていたらどうなっていただろうかと人は思う。彼らはもっと先に進んでいたでしょうか？

私は復讐や報復を支持するものではありませんが、厳しい現実を無視することはできません。ドイツは自らが引き起こした破壊の全容を理解しなければならない。彼らにとってこれを理解する最良の方法は、戦争の終わりに彼ら自身の都市の一つ、たとえばケルンがアラスと同様の状態に残されていたとしたら、ということだろう。これはケルンにとって厳しいかもしれないが、アラスが耐えた以上に厳しいものではないだろう。さらに、戦争の苦難はその国の性格を最大限に引き出すと広く信じられています。これが本当であれば、戦争はあらゆる苦しみを伴いながらも、何らかの形で必要悪であることになります。しかし、アラスの惨状を目の当たりにした私は、ケルンが同じ状態になるのを見るために、ためらうことなく一年分の収入と引き換えにするであろうことを否定することはできません。おそらく不当かもしれないが、この願望は、かつて生命と美に満ちていた場所が徹底的に破壊されるのを直接見たことから生じている。

私たちが市内を旅し続けると、無傷で残っている建物や人の住んでいる建物は一つもありませんでした。これらの通りは一見すると、まるで住民が屋内にいて混乱が過ぎるのを待っているかのように静まり返っているように見えた。しかし屋内には誰もいなかった。誰もいなかった。近所全体が閑散としていて、ゴーストタウンになっていました。孤独は重圧的で不安でした。すべての窓が割れ、すべての壁が欠け、一部の建物は全セクションが完全に破壊されました。ある建物では、6つの部屋が露出し、それぞれが風雨にさらされ、かつては立派だった壁紙が今ではボロボロに剥がれ落ちています。この場所の所有者は明らかに無煙炭ストーブが好きで、6 つの暖炉にはそれぞれ 1 つずつあったが、奇跡的にすべて無煙炭ストーブがあった。郵便局は破壊され、瓦礫の山と化した。

次に、1898 年に北会社によって建設された、比較的近代的な構造の鉄道駅にやって来ました。そのファサードは印象的でしたが、今では大小の貝殻の穴があばだらけになってしまいました。砲弾は間一髪で駅の華やかな正面を外れ、装飾の一部を削り取った。ガラスはすべて粉々に砕け、鉄製品は厚い錆の層で覆われていました。いつもなら乗客を案内するはずの駅の標識も、不気味なほど静止していた。まるで空の骸骨のように駅をまっすぐに見ることができます。内部の静けさは遠くから聞こえる砲音だけで中断されており、不自然でぞくっとしたものだった。ホームでは乗客用のガラス製シェルターが粉々に砕け、鉄製品は錆びで覆われていた。信号所は荒廃して寂しく立っており、その残骸によってその目的は無意味なものとなった。鉄道の線路そのものさえも、蔓延る植物に覆われ、ジャングルが線路を横切って這い回っていました。これはドイツの防衛戦争、つまり祖国とその想定される理想を守るために戦われた戦争の結果であると私たちは言われました。しかし現実は、戦争の壊滅的な代償を物語る、不気味な廃墟と化した都市でした。この場面は 1915 年 7 月 7 日に展開され、この日はそれを目撃したすべての人の記憶に刻まれ続けるでしょう。

# IV アット グリップ

先ほど、戦争があまりにも巨大な規模で行われ、ほとんど理解できなくなると、その戦争の一見漠然とした何気ない性質について触れました。参謀と一緒にいると、ほとんどすべてを直接観察することができます。あなたに隠されている特定の事柄があることは確かですが、概して、あなたには目に見えるほぼすべてのものへのアクセスが与えられています。もちろん、歴史を動かす戦略の鍵を握る将軍の頭の中を覗くことはできない。将軍は過去や現在について長々と話し、洞察力に富んだ考察を提供するかもしれません。しかし、将来については口を閉ざしたままだ。彼が前線の中央付近に位置している場合、彼は冷静な態度で、ウイングで大きな動きが期待されるかもしれないと言うかもしれない。逆に、もし彼が翼の一つに駐屯しているなら、彼は同じように当たり障りなく、すぐに大きな動きが中央で展開するかもしれないとあなたに保証するだろう。あなたはそのような返答に失望することはありません。なぜなら、あなたが提起した質問はまさにそのような答えに値することを知っているからです。それにも関わらず、周囲で繰り広げられる圧倒的な出来事が耳を高鳴らせ、視界がぼやけ、今この瞬間さえも把握できないという、紛れもない失望感がある。

たとえば、銃の音を考えてみましょう。私が言っているのは、あらゆる方向から反響するように聞こえる、ほぼ継続的に続く銃声のことではなく、特定の銃群の特定の音のことです。私は彼らについて尋ねますが、時には参謀ですら、彼らが敵に属するのかフランス軍に属するのか判断する前に躊躇することがあります。一般に、民間人は、敵が自分に向かって突進してくるときの恐ろしい、ヒューヒューという発射音によって、撃たれた敵を見分けることができます。一方、フランスの砲弾は彼から急いで逃げ、爆発音が彼の耳に届く前に沈黙した。私は、ほぼ等距離にあるドイツ軍の銃群とフランス軍の銃群の間に挟まれていることに気づくかもしれません。

銃の種類とその口径、そしておそらくスタッフマップ上のこれらの武器の大まかな位置についても一度知らされると、この知識だけでは状況の全容を理解することには近づけないことがわかります。これらの銃を実際に見つけるには半日かかるかもしれないし、たとえ見つけたとしても、数台の機械が仮設の避難所に隠され、汗だくの男数人の助けを借りて孤立して作動しているだけだった。　。その過程は、人々が期待する戦争のイメージとはかけ離れている。滑らかな発射体が銃に装填され、耳をつんざくような爆発音が続き、発射体は跡形もなく消えます。避難所にいる誰も、それがどこに行ったのか、何をしたのかを気にしていないようです。近くには電話機が置かれているが、そこから発せられるのは数字と専門用語、そして時には叱責だけで、汗だくの男たちは銃や次の弾薬を微調整するよう促される。

私には標的が何なのか全く分かりませんし、銃を操作している男たちも分かりません。私はターゲットを求めて自由に冒険に出かけます。それは私に指摘されています。おそらくそれは建物または構造物のグループであるか、あるいはまったく異なるものである可能性があります。せいぜい、広大で複雑な地形の中にある、遠くにある点にすぎません。私の見晴らしの良い場所から、空気中を漂う羽毛のように繊細で無害な、かすかな煙が見えます。その瞬間、私は疑問に思わずにはいられません。列のはるか後ろの囲まれた小屋で騒々しい機械を操作しているこの男たちが、遠く離れた建造物にある小さな赤いマークを正確に狙うことを本当に期待できる人がいるでしょうか？そして、たとえ奇跡によって彼らがそれを攻撃することができたとしても、その特定の標的は紛争の壮大な計画の中でどのような重要性を持っているのでしょうか？その破壊は戦争のより広範な経過にどのような影響を与える可能性がありますか?ここで、戦争が説明のつかないほど漠然とし、切り離されているように感じられます。なぜなら、戦争の単なる断片でさえ理解を超えており、その断片の個々の部分がまとまって一貫した全体にならないからです。最前線の塹壕に立って、周囲で激しい銃声を聞いていたのに、何も見えず、遠くで繰り広げられている戦闘についても何も理解できなかったことを覚えています。

同じような断絶感が軍隊の動きにも当てはまります。たとえば、私はかつて前線後方の町で寝ていたとき、いつも頭上を飛ぶ飛行機の爆音ではなく、ホテル自体の激しい揺れとゴロゴロ音で突然目が覚めました。この揺れは夜明け直後から6時頃まで長時間続きましたが、すぐに再び始まりました。私はベッドから起き上がって外に出ましたが、町全体が揺れ動いていることに気づきました。連隊がバスで移動していました。各バスには約 30 人の兵士が乗車しており、バスは 30 ヤード以内の間隔で互いに後続しました。戦艦に似たくすんだ灰色に塗装されたバスは、恒久的な屋根を持つバスと仮設の屋根しかないバスがあることを除いて、ほぼ同じでした。雲母の窓を備えたものもあれば、側面に穴が開いているものもありました。すべてのバスは同じ数の兵士を乗せており、それぞれのバスには正確に同じ方法で小銃が積まれていました。1 台のバスが停止すると、他のバスもすべて同じように停止しました。兵士たちは窓際や路上に立っている若い女性たちに手を振り、微笑みかけた。町全体が目覚め始めていました。そのような町では、どんなに早起きしても、他の人にとってはすでに一日が始まっています。

淡いブルーの軍服を着た兵士たちは若くて元気そうで、旅の疲れもあってややくたびれていた。彼らの顔、口ひげ、髪、そして耳さえも厚い粉塵の層で覆われていました。明らかに、彼らは何時間も移動していた。バスは町の端の埃っぽい霧の中から次々と姿を現し、市庁舎近くの角を曲がったところで姿を消した。時折、警察官の車や数人の看護師を乗せた車が通り過ぎ、一時的に行列を中断したが、すぐにバスは次々と走り続けた。印象に残ったのは、フランス軍全体が町を行進しているということだった。騒音、振動、ガタガタ音、すべてが私の神経に反響しているようでした。やがて故障車2台が通り過ぎ、行列は止まったかに見えた。本当に終わったことが信じられませんでしたが、その後に続いた沈黙はほとんど圧倒されました。

私が目撃したのは、フランス軍を構成する数百の連隊のうち、町を通過するわずか2個連隊だけでした。　2個連隊！しかし、彼らがどこから来たのか、彼らの使命は何だったのか、どこへ行くのか、あるいはより広範な戦闘計画における彼らの具体的な役割は何なのかを私に教えてくれる人は誰もいませんでした。彼らは、広大な地形を飛び回る鳥の群れのように、目的のない雰囲気で移動しました。

しかし、さまざまな動きの中には、もっと感動的なシーンがありました。私が前線で遭遇した最も印象的で感動的な光景の一つは、明るく美しい夏の朝、小さな田舎町へ連隊が行進する姿でした。最初に連隊音楽隊がやって来たが、その金管楽器は汚れてボロボロで、ミュージシャンたちは奇妙な荷物をバックパックに縛り付けて運んでいた。彼らはミュージシャンだけでなく、ボロボロで汚れた軍服を着た兵士たちも含まれていた。明らかに疲れているにもかかわらず、彼らはある種の威厳を持って行進し、生き生きとした曲を奏でました。彼らの後には自転車が続き、行進する軍隊と歩調を合わせていた。その後、馬に乗った将校が連隊の本隊を従えてやって来た。多くのライフル銃の銃床はボロボロの布で包まれていました。各兵士は、フィールドグラスを含め、作戦になんとか持ち込んだものをすべて携行した。男たちは壊れたり、破れたり、つぎはぎしたりしたさまざまな装備を背負っていた。彼らの疲労は一歩ごとに明らかで、顔は青ざめ、引きつっていました。その中には、一歩ごとにすべてを奪われるかのように、かろうじて歩くことができる若い士官もいました。彼はまるでトランス状態に陥ったかのように動き、おそらく完全な疲労からか、動きが遅くて大変だった。時折、塹壕内のさまざまな中隊の位置を示すために三角旗が掲げられることもありました。連隊は塹壕から出てきたが、どの塹壕から出てきたのかは誰も言えなかった。

続いて、赤十字部隊、馬、野外調理場、荷車、機関銃、弾薬などの後方支援の行列が続きました。調理器具からは湯気が立ち上り、食事の準備が進む。戦争のさなかであっても、連隊は誇大宣伝や儀式を行わずに食料、医薬品、弾薬を自前で管理し、自給自足しているように見えた。この行進は盛大な祝賀ではなく、戦争の苦難に耐える戦闘部隊の静かで断固たるリズムを表していた。

連隊が通り過ぎるとき、私はそれらの兵士たちに深い共感を覚えずにはいられませんでした。私はその若い士官が休む場所、疲れを癒せるまともなベッドを見つけてほしいと願った。それは哀愁に満ちた、しかし謎に包まれた光景だった。ジョノル将軍が考案した大規模な戦略において、この特定の連隊の役割は何でしたか?

これらすべてにもかかわらず、前線でしばらくすると、戦争の遂行は神秘的に見えるかもしれないが、それは漠然としたものでも、カジュアルなものでもないことがわかり始めます。最近解放された村を訪れたときのことを思い出しますが、最近の征服の痕跡がまだ残っています。私が遭遇した兵士たちはエネルギーに満ち溢れていましたが、その態度には紛れもない警戒心がありました。彼らは常に警戒しており、周囲の危険を敏感に認識していました。村を探索すると、塹壕、要塞、機関銃、有刺鉄線など、あらゆるものが細心の注意を払って組織されており、すべて敵の攻撃に耐えられるように設計されていることが明らかになりました。司令官は明らかに不安を抱えており、少しでも警戒を怠ると壊滅的な結果を招く可能性があることを承知しており、潜在的なドイツ軍狙撃兵から私たちが安全に見えないようにしていた。

コテージの列全体に道が掘られており、それに沿って進むことができました。物言わずに見守る人たちの並ぶ小道を歩いているような気分だった。そのとき、ドイツ人に聞かれるかもしれないので、話さないようにと静かな声が聞こえました。私たちは慎重に進み、深い鉱山を覗き込み、狭い通路を這い、長い地下トンネルに消えました。私たちは兵士たちが立っている空間に出て、兵士同士でおしゃべりしながら元気よく食事をしていました。近くでは、男性のグループが無害な手榴弾を使って訓練しており、その爆発音が空中に響き渡った。

角を曲がるとき私は司令官の後を追って、何かを見つめていることに気づきました。それが何であったかはもう思い出せませんが。「ここに留まらないでください」と彼は言い、私に一緒に行くよう合図しました。私が立ち去ったのとほぼ同時に、銃弾が数秒前まで私が立っていた壁に当たりました。それは、あらゆる角に常に危険が潜んでいることをはっきりと思い出させてくれました。

フロントの雰囲気は緊張感に満ちていました。全員が継続的な闘争に閉じ込められ、レスラーのように互いに押し合い、グラウンドの隅々まで熱戦が繰り広げられているという圧倒的な感覚がありました。ここで起こっていることを説明するのに「カジュアル」という言葉は使いません。

また別の時には、長い散歩の後、隊員の隊長の一人が車に道路の終点で私たちを迎えに来るように指示した。この道路の一部は数マイル離れたドイツ軍の砲撃にさらされました。車が現れるとすぐに、紛れもない不気味な砲弾の音が聞こえました。それは空気を切り裂き、焼けるような音が消える前に爆発音が風景に響き渡った。　77mm榴弾である砲弾が雷鳴とともに着弾した。

ドイツ軍は几帳面に砲撃を行った。次の30分間、彼らは同じ道路を細心の注意を払って攻撃し、2分間隔で次から次へと砲弾を発射した。各砲弾は斜面に沿って100　ヤードごとに一定の距離で落下しました。私は近くの塹壕から砲撃を観察した。それはドイツ軍の正確さを示すぞっとするようなデモンストレーションでしたが、私の観点からは愚かな弾薬の無駄遣いのようにも見えました。道路は明らかに空いていたが、それでも彼らは発砲を続けた。

当然、私たちはその道を使わないことにしました。代わりに、私たちは樹林帯を迂回し、より安全な場所で車を迎えに行きました。しかし、それが利用可能な唯一のルートであるため、この道路は避けられませんでした。司令官は、常にプロフェッショナルであったが、危険に対して動じなかった。「車は道路を上らなければなりません」と彼はひるむことなく宣言した。"放っておいて。"

車が軍事作戦ではなく民間の便宜のために使用されているという事実は、彼には関係なかった。それは依然として軍用車両であり、兵士が運転するものであり、果たすべき役割があった。運転手に向かって言った彼の言葉は、ほとんどふざけていた。「すぐに行ったほうがいいよ。私たちはあなたが苦しむのを見守ってやるよ！」部下の士官はその状況を見て笑いましたが、彼が心配しているのはわかりました。

私たちの予約にもかかわらず、車は先に進みました。やがて砲撃は止まり、運転手は無傷で通り抜けたが、後に道路に大きなクレーターが5つできたと報告した。

またある時は、急な斜面にある狭くて曲がりくねった連絡塹壕の迷路を通り抜け、気がつくと塹壕の中にいました。不注意な瞬間、つまり塹壕の胸壁の上に短時間露出しただけで、即座に榴弾の砲撃が行われました。その瞬間、私たちのトレッキングの疲れと、ひどい空腹感が消え去ったように思えました。頭上で砲弾が鳴り響く音が私の注意を引きつけ、突然すべての疲労が背景に消えていきました。

砲弾は私たちの近くに落ち続け、徐々に近づいてきました。指示に従い、二人一組に分かれて距離を保ちながら走りました。爆発のたびに、砲弾の破片がすべて落ち着くまで、5秒数えながら一時停止しました。間もなく、砲弾が私の目の前に直接落ちたように見え、地面が激しく揺れました。爆発の煙の刺し傷を感じましたが、それは私に直接当たったのではなく、私のすぐ左側に落ちていました。

塹壕は生存の驚異であることに私は気づきました。爆発の衝撃波を感じましたが、塹壕が私を守ってくれました。しばらくして、友人が砲弾から破片を拾い上げました。これは、最大限のダメージを与えるように設計されたギザギザの多面体の球でした。このような混乱に直面しても、戦争は偶然でも偶発的でもなかったということを、身が引き締まる思いで思い出させてくれました。

戦争の残忍で不屈の性質が私に最もはっきりと表れた場所の一つは、ノートルダム・ド・ロレット大聖堂でした。そこに建っていた小さな礼拝堂は、今では戦争の象徴的な象徴となっているが、少なくとも写真によれば、決して美しいものではなかった。しかし、その周囲の地面は別の問題でした。前線の背後の土地は細心の注意を払って組織され、地上と地下の両方に防御層があり、戦争の暴力に耐えるように設計されていました。この地域の配置はまだ語られていないが、地下に安全に保管された物資からさまざまな種類の防御戦略に至るまで、あらゆる種類の予防措置が含まれていたことは言える。

時が経っても影響を受けずに、地面に埋められたランプの煙突の束を見たのを覚えています。その光景は忘れられないほど完成されており、戦争への準備が徹底されていたことを体現していた。その中に、私たちは捕虜に遭遇しました。小さな小屋で警備されている若いドイツ兵2人です。彼らは塹壕の迷路に迷い込み、道に迷ってしまったのです。そのうちの1人は赤十字の職員で、戦前は医学生だったと思われる。彼は埃をかぶっており、疲れていて、もはや信じていない使命の重みに耐えているようでした。私は自分が彼に同情的であることに気づきました。彼の顔には疲れ果てて険しい表情があったが、まだ若々しい力強さが残っていた。

私たちはすぐに別の囚人、21歳に満たない少年に会いました。彼は病気で、泥だらけで、制服はボロボロで、血と弾痕で汚れていた。誰かが彼にパンの塊を与え、チュニックの中に詰め込んだのだ。彼はかつての自分の影のように見え、うつろな目で、気を失っていた。担当警察官は少年に質問したが、少年はほとんど何も言わなかった。彼の精神は打ち砕かれたように見えたが、彼の態度には、ついに戦争の恐怖から解放されたかのような、紛れもない安堵感があった。私は彼を戦いに送り出した女性、おそらく彼の母親のことが気になって仕方がありませんでした。彼女の心の傷は想像を絶するものであったが、戦争の状況下では、彼女の息子は崇高な大義のために死んだと言われていただろう。

その後、囚人と彼らの悲惨な話から話を進めていくと、より戦略的なもの、つまり地図に出会いました。この地図は広大で、森林伐採地の真ん中に広がっていました。さまざまな色のチョークを使用して前線の進歩を示し、黄色は5月までの前進を示し、青は6月のさらなる前進を示し、赤は直前の夜の最新の侵攻を示した。

警官たちは誇らしげに地図を眺め、重要な位置を指摘した。彼らの決意に満ちた声は、次の戦いの展開を物語っていた。この地図は、ドイツ軍に容赦ない圧力がかかっていたことを証明するものでした。彼らは敵の軍事力を尊重していたが、ここの将校たちはドイツの特定の師団、特にバイエルン人よりも回復力が劣ると考えていたプロイセン軍を特に軽蔑していた。

森の向こうの風景は荒野だった。地面は容赦なく砲撃を受け、残されたのはクレーターとねじれた金属だけだった。そこには木も草木も存在せず、ただ荒廃していた。私たちがたどった通信塹壕は、草一本も育たないこの不毛の地を通っていきました。絶え間なく続く砲撃により地球は不滅となった。

旅を続けると、兵士たちに会い、彼らの話を聞かせてくれました。ある大尉は、3月9日、海溝内の凍てつく水と氷にもかかわらず、自分と部下がどのようにして陣地を守るために戦ったかを語った。　「我々は降伏しなかった」と彼は誇らしげに語った。「しかし我々は20名を失い、さらに24名が足に凍傷を負った。」彼にとって、その日は人生の転換点となった。

さらに進んでいくと、別の警察官が電話に向かって緊急に話し、部下に発砲場所を指示しているところに遭遇した。私たちの周りでは、戦争がリアルタイムで展開されており、兵士たちはまだ指の間からすり抜けていくような地面をめぐる戦いに従事しています。

そして、平原が見える場所に到着しました。紛争で破壊された荒廃した村々が風景の中に点在していた。スシェ、サン・エロイ、アングレ——彼らが目撃した流血事件により、その名前は今や世界中に悪名を轟かせている。しかし、アブラン・サン・ナゼール村は際立っていた。かつては繁栄したコミュニティでしたが、今では黒ずんだ木材と粉々になった建物の集合体に過ぎませんでした。その教会は中空の殻で、骸骨のようにそびえ立っていた。そこで戦って亡くなった兵士たちにとって、この村は二度と同じになることはないだろう。

# V. 英国のライン

広大な平原を想像してみてください。しかし何もない平原ではありません。それは生命や標高のない不毛の地帯でもありません。むしろ、丘が点在する風景であり、その中でも特に注目に値する丘がそびえ立ち、その頂上には周囲の景色を一望できる魅力的な旧市街が広がっています。この広がりは単調ではありません。豊かな森林があり、よく耕作されており、決して荒涼としたものではありません。平原には活気があり、村が点在しており、小さな市場の町がそれほど遠く離れていることはありません。これらの集落は、道路、多くの舗装された運河、そしてかなりの数の鉄道が通っている道路網によって相互に接続されています。

空から見ると、まず目に付くのは豊かな木々です。その丸い頂上が風景を支配しているように見え、教会の塔の頂上だけがこの緑豊かな天蓋の上にそびえ立っています。他の形式の建築はあまり目立たず、葉の間からちらりと見えるだけです。風景の主な色合いは緑と灰色の色合いであり、多くの場合、重く曇った空はこのパレットを反映しています。フランス北部とベルギー南部の明確な対照は、店の看板やカフェのメニューにある言語によってのみ明らかであり、それ以外の点では、この 2 つの地域は物理的および文化的特徴において驚くほど類似しています。

この土地における英国の存在感は注目に値し、形式的な礼儀正しさと根底にある温かさが融合していることが特徴です。この占領は目立つと同時に目立たず、軍事秩序と人間関係のバランスが保たれています。

ある特定の出会いが際立っています。村の通りに座って、ビュッフェ代わりの自動車でジャムサンドイッチの屋外食事を楽しんでいたとき、私は小さなテリアと遊ぶだらしない少年に尋ねました。「あなたの犬は何と呼んでいますか？」彼は恥ずかしがりながらも誇らしげな笑顔で「トミー」と答えた。電信線と電話線が縦横に張り巡らされた田園地帯には、特に道路標識の形で目に見える構造があふれています。標識は大きく直接的なもので、最も一般的なものの 1 つは、外国の街路を背景に太字で表示された「トラックは徐行してください」という命令です。町の交通量の多い交差点のほぼすべてで、兵士が交通誘導員として立っており、膨大な量の車両のスムーズな流れを確保しています。

道路は常に渋滞しており、機械輸送が混雑していますす。交通量の膨大さは圧倒的で、トラックが道路を独占しています。これらの巨大な乗り物は、その不格好な大きさから、自動車、オートバイに乗った派遣客、農民の荷馬車、行進する兵士など、他の交通手段と絡まると混乱を引き起こします。その結果、劇場のショーの前にピカデリー サーカスなどの賑やかな市内中心部で見られるよりもはるかに混沌とした交通渋滞が発生します。大型トラックは扱いにくいですが、その大きさだけでなく、それに乗っている兵士たちの行動が渋滞の原因となることがよくあります。各大型トラックは通常、前部に2人の兵士、後部に 1 人の兵士を乗せています。しかし、後部にいた孤独な兵士は孤立感を感じ、仲間に加わるために前部座席に飛び乗ることが多く、他の車両が必死に通り過ぎようとするため、後ろにボトルネックができてしまいます。参謀の車が被害に遭った場合にのみ、兵士たちは短いが鋭い叱責の後、しぶしぶ適切な座席に戻ります。

道路上でのこの賑やかで無秩序な活動は、バックグラウンドで作動する、油をたっぷり塗った複雑な機械の様子を表しています。このシステムは非常に広大かつ多面的であるため、すぐにこの組織の中心人物である最高司令官を思い出すことができます。とらえどころのない存在ではありますが、その存在感は非常に大きいです。彼が特定の時間に面会できるという噂はすぐに広まり、予定より数分前に到着すると、明らかにガリア風の雰囲気を漂わせる広くてやや厳粛なオフィスにいることに気づき、彼のイギリス人の重厚な存在によって和らぎます。-サクソンのスタッフ。

あなたはすぐに参謀本部のメンバーに紹介されますが、彼らは有名で有名であるにもかかわらず、カジュアルな無関心な雰囲気でオフィスに出入りします。彼らは専門家であり、その名前は軍事的卓越性の代名詞ですが、重い二重ドアの向こうの隣の部屋に、この作戦の真の力が眠っています。最高司令官。最終的に彼の臨場に入ることが許されると、その効果はすぐに現れ、畏怖の念と重力の感覚が部屋を満たすのです。

かつて応接室だったこの部屋自体は、シルクパネルの壁や隅に置かれたグランドピアノの存在感など、かつての優雅な面影を今も残しています。中央の大きなテーブルには詳細な地図が置かれ、ミニチュアの風景のようにテーブル全体に広がっています。男自身はがっしりとした体型で、背は高くないががっちりしていて、手足は小さく、爪は個性的に磨かれている。彼の短い白い口ひげと明るい目は、血色の良い肌とはっきりと対照的です。彼の顎は特に目立ち、ほとんど反抗的な特徴です。彼には過度に洗練されたところは何もない。その代わりに、彼の態度は集中していて強烈で、短く内省的な文章で話し、言葉の間に思慮深く立ち止まりながら前後に歩きます。彼が敵、特にドイツ人について話すとき、意図的なジェスチャー、挑戦的な首の振りが彼の決意を物語っています。それは、古いスコアを清算する準備ができている男の姿勢です。彼の存在は、不屈の決意と静かな好戦性の雰囲気を醸し出しています。

短い会話の後、最高司令官はあなたを解雇します。そして、あなたが去るとき、伝説の人物に会ったという感覚が残ります。しかし、この広大な軍事ネットワークにおいて重要な人物は彼だけではない。他に 2 人の重要人物がいますが、どちらも同様に手強い人物です。物資の供給を監督する補給官総長と、人的資源の供給を担当する副官です。彼の隣には、規律を確保し、生と死を決定する権限を保持する究極の権威者である大州元帥がいます。

これらの各図は、複数のコマンド層にまたがるネットワーク内で動作します。すべての軍、軍団、師団、旅団には独自の指導者と幕僚がおり、全員がこの広大で複雑な軍事作戦の円滑な機能を確保するために精力的に働いています。現場にいる間、私は数人の高位将校と食事をし、会話する機会がありましたが、彼らは皆、見事に献身的で、常に動き回っていました。彼らにはリラックスする時間がほとんどなく、夜明けに起きて真夜中になって初めて寝る人もいました。私が会ったある将軍は、庭園が美しいと言いましたが、訪れたことがあるのかと尋ねると、「行ったことはありません」と苦笑いしながら答えました。

長い一日の仕事を終えた夕方、将軍たちはしばしばリムジンで出発し、早朝まで続く深夜の勤務に向けて執務室に戻った。師団司令部のような最下位の指揮レベルでさえ、膨大な仕事と責任は驚くべきものです。各師団は約2万人の兵士を指揮しており、関与する仕事は主に管理的なもので、多くの場合は日常的で日常的なものです。ただし、最も魅力的な仕事の一部は、写真部門と地図作成部門で行われます。何千もの地図が作成され、それぞれの地図はさまざまな時点での戦場の異なる側面を示しており、特別な地図が定期的に佐官に配布され、決定の指針となる最新の情報が確実に得られます。

将軍から歩兵に至るまで、この広大なネットワークの隅々で、秩序、正確さ、効率が徹底的に重視されており、これは戦争努力を維持する上で各個人が負う計り知れない責任を反映しています。

英国陸軍航空隊の艤装および修理小屋は、私がこれまで見た中で最も注目に値する建造物の一部であり、実用的な目的だけでなく、優雅さも備えた完璧なデザインでした。私は激しい嵐の最中に彼らを訪問する機会がありましたが、それは畏怖の念を高めるだけでした。内部の機械は広大で印象的でした。驚くべき生産レベルです。組織は系統的かつ科学的で効率的で、スタッフはフレンドリーで非常に有能でした。飛行機——よく鳥がいっぱい入った鳥かご——を眺めて飛行の本質を吸収すると、これらの飛行士たちが空をあらゆる方向に飛び回りながら毎日行っている並外れた偉業を想像するのはもはや難しくありませんでした。 。たとえば、ある男性は週に2回、電車の運行と同じくらいの頻度でゲント上空を飛行していたが、一度も重大な被害を受けなかった。これらの飛行士は、身体的に独特の利点を持っていた、あるいはそう信じられていました。彼ら自身のエンジンの騒音が、彼らを狙った破片の爆発音をかき消してしまいました。

フランスとフランドルに駐留するイギリス兵は自給自足には程遠いことが判明した。彼は、ほとんどの人の想像を超える、信じられないほどのサポートを必要としています。一日分の食料がトレイに並べられているのを見たことがありますが、一度に食べるのは不可能な量のように思えました。肉、たっぷりのベーコン、チーズ、ジャム、パン、野菜がありました。お茶、砂糖、塩、調味料、そして時にはバターのほか、毎週2オンスのタバコと1箱のマッチもあった。しかし、トレイ上で最も目立つのは間違いなく肉でした。これに加えて、兵士には単なる食料以上のものが必要でした。彼には燃料、愛する人からの手紙、清潔さ、衣服、そして日々の生存と戦争に必要なさまざまな軍需品が必要でした。そして、これらすべてのニーズを一貫して非常に正確に満たす必要がありました。

この需要の大きさは、英国だけでなく世界中から北フランスに絶え間なく到着する商品の流れを考慮したときにのみ理解できます。戦争の緊迫感によって動かされるこの物資の流れは、昼夜問わずあらゆるものを最前線に引き寄せる、目に見えない磁石のような強力で容赦のない力のようなものです。これらの流れの特定の経路や正確な内容を追跡することはほぼ不可能ですが、すべてが合流する 1 つの点、つまり鉄道の始点が存在します。

軍用鉄道の始点は、目立たない平凡な小さな駅のように見えるかもしれませんが、実際には重要なハブです。ここは鉄道の終点ではありませんが、師団補給隊の本部として機能しています。師団はフランスとフランダースに数多くある師団のうちの 1 つにすぎません。この特別な駐屯地は少佐によって運営されていたが、彼はカーキ色の軍服を着て軍用語を使用していたにもかかわらず、典型的な連隊の少佐とは異なっていた。彼の焦点は戦略や戦闘ではなく、補給のビジネスにありました。彼の仕事は、絶えず変化する師団旅団からの命令を受け取り、それらの命令が 36 時間という厳しい時間枠内で履行されるようにすることでした。この少佐は塹壕すら見たことがなかった可能性があり、確かにリボルバーの扱いに熟練していなかったかもしれないが、彼の専門知識は戦争の兵站面を扱うことにあり、列車が時間通りに到着し、トラックが完璧に作動するかどうかを確認することにあった。 。彼のチームの名誉は戦闘戦略ではなく、領収書に関係していた。

この少佐は、水と弾薬を除いて、彼の師団に必要なものすべてを担当していました。彼は食料や衣類から野戦用の台所や野砲に至るまで、物資を積んだ列車の到着を監督し、兵士の妻からの手紙も受け取りました。彼はこれらの品物がどのようにして到着したのかについて決して疑問を抱きませんでした。彼の唯一の関心事は、電車が時間通りに運行することと、トラックが最高の状態にあることを確認することでした。連日、彼の見守る中、鉄道の頭から大量の物資が流れ出し、その中には前線の軍隊に送られた280袋の郵便物も含まれていた。彼の車両は非常に精密に整備されており、まるで豪華ヨットのエンジンのように輝いていました。それはある意味、陸軍軍団のダンディズムであったが、戦争遂行を円滑に進める上で極めて重要でもあった。

鉄道の始点業務に不可欠な部分は、1日に数マイルという驚異的な速度で新しい線路を敷設できる鉄道建設セクション列車でした。この自己完結型列車は車両基地、作業場、兵舎の機能を1つにまとめて機能し、前線と世界を結ぶ鉄道路線の継続的な拡張と維持を確実にしました。

道路を歩いていると、時折、「飼料」、「食料品」、「肉」、「パン」などのラベルが書かれた大まかな標識が木に打ち付けられているのを見かけました。十分に長く待っていれば、線路の頭からトラックの流れの一つが停車し、荷物を降ろすのを見ることができました。肉であれ、パンであれ、野菜であれ、物資は瞬く間に消え去り、野営地や銃弾、塹壕へと神隠しとなって消えていった。畑の別の場所では、ニュージーランド産の冷凍マトンが土のかまどで焼かれているのを目撃するかもしれません。その光景は、少々素朴ではありますが、不思議な満足感を与えてくれます。準備されている食料の膨大な量は驚くべきものであり、このような原始的な環境でもこれほど多くのことができるのは驚くべきことであると私は感じました。

食糧供給以外にも、特にエンジニアズ・パークには非食用材料もありました。そこでは、戦争に関連する考えられるすべての道具や装置が見つかります。それらは、詳細に説明するには複雑すぎることが多いですが、戦争遂行には不可欠なものでした。電話、ヘルメット、その他の装備は、ほとんどの民間人がこれまで見たことのないものでした。そして、弾薬列車がありました。
本当に恐ろしい光景でした。列車から荷物を降ろすと
いうことは、ライフルの薬莢から車両を容易に破壊する
可能性のある巨大な砲弾に至るまで、あらゆる種類の
弾薬を扱うことを意味しました。爆発物のほかに、さまざ
まな発火装置や爆弾があり、その中にはほんの少しの
接触で爆発するのを待っているように見えるものもあり
ました。警官らはこれらの装置を、あたかも単なる日常
品であるかのように、不安なほど淡々と扱っていたが、
その存在に危機感を感じずにはいられなかった。

しかし、最も注目すべきことは、兵士自身の不在でし
た。イギリス軍の戦線では、あたかも陸軍自体が見えな
いかのようだった。どこでも兵士の姿を見ることができま
したが、彼らは通常、他の兵士の物質的なニーズを確
実に満たすための補助的な役割に従事していました。
実際の戦闘員を見つけるのはさらに難しく、多くの場
合、小さなグループまたは単一の部隊でした。田園地
帯を通る特に長い散歩の際、私は将軍に同行して塹
壕を歩き回ったが、そこで発見したのは二人の兵士、
つまり士官とその部下だった。しかし、彼らも最前線に
はいませんでした。この士官は、ベッド、電話、いくつか
の私物があった地下壕から望遠鏡でドイツ戦線を観察
して日々を過ごした。時折、かすかに電話の音が鳴り
響くが、それについて尋ねると、秩序は心配することは
ないと説明した。誰かが誰かと話しているだけだった。

士官の任務は、前線の特定の区域を監視し、それにつ
いて報告することであったが、そこに立っていると、広
大な土地、ここに至るまでに越えてきた丘や谷のことを
考えずにはいられなかった。そして、あまりにも多くの
暴力の焦点となっていた、一見些細な地球の一部。こ
んなに小さくて取るに足らない土地のために、どれだけ
の血が流されたのだろうかと思いました。

士官は私たちに細部に至るまで注意深く説明し、観察したドイツ兵の行動について深い理解をもたらしてくれました。しかし、自分自身の習慣のことになると、彼は沈黙を保った。彼は単なる役人ではありませんでした。彼は単なる観察者であり、個人的な関心事から切り離されて、ダッグアウトの狭い隙間から常に監視していた。彼のライフスタイル、彼の快適さ、彼の考え、つまりベッドが寝心地が悪かったかどうか、食べ物をどうやって手に入れたか、退屈を感じたことがあるかどうかなどは、私たちが尋ねることはありませんでした。彼の気分、ダッグアウトでの生活についての個人的な考え、そして彼が手紙を受け取る頻度さえも、私たちが口にしないままにしていた問題でした。彼は謎めいた人物であり、観察者としての役割によってのみ定義される人物でした。

彼は背が低く温和な将校で、声は柔らかかったが、すでに休暇をとった将軍が近くの木の葉に覆われて立ち止まったときは、ある種の暖かさがあった。将軍はわずかな笑みを浮かべてうなずきながら、「こんにちは、ブランク」と彼の名前を呼びました。その声には紛れもない暖かさが染み込んでいました。両者の間には、単なる形式的なものを超えた、より深い理解と相互評価があったことは明らかでした。「ご存知ですか、ブランク？私があなたにどれだけ感謝しているか。」その言葉は繊細でしたが、一瞬にしては儚いほどの深みを持っていました。短いやりとりの後、将軍がロンドンのミュージックホールや最新の出演者について話し始めると、いつもの雑談が戻ってきた。

別の機会には、20 人の兵士が実際の爆撃訓練の準備をしているという珍しい光景を目撃したこともありました。ドイツ軍の塹壕を実弾で爆撃する訓練が行われ、状況は緊迫していた。担当の若い警官は、危険にも動じていないようで、何気なく爆弾の扱い方を実演した。「このピンを抜くまでは完全に安全です」と彼は私たちに保証してくれた。そう言って彼はピンを外し、爆発に備えて男たちが塹壕に向かって行進するのを我々は観察した。私たちは安全な距離を保ち、地形が提供するあらゆる遮蔽物の背後に隠れていました。それはわずかな土の隆起にすぎません。見張りは監視を続け、誰も近づきすぎないようにした。私たちは身を低くして身を守るように指示されました。私たちがその場しのぎの避難所の後ろに身を寄せていると、雷鳴のような爆発音が聞こえました。バン！「バン！」——上空を切り裂く破片の甲高い音とともに。ようやく煙が消え始めたとき、私たちは端から覗いてみると、兵士たちが爆撃された塹壕に果敢に向かって突進してくるのが見えました。奇跡的に、彼らは誰も負傷したり死亡したりしませんでした。

さらに別の例では、私は旅団全体が活動しているのを目撃する稀な機会に恵まれた。輸送車両を伴った数千人の兵士が完璧な隊列を組んで行進し、2人の将軍が不完全な兆候がないか注意深く監視した。その展示はまさに荘厳であり、軍規の畏敬の念を抱かせるデモンストレーションでした。しかし、それは私が戦争に期待していた生々しさには欠けていました。戦闘の緊張と混乱を感じる代わりに、私は細かく調整されたマシンを見ました。彼らの行進を見ながら、私は疑問に思い始めました。もしイギリス軍全体がこの速度で私のそばを行進してきたら、彼らが通り過ぎるのにどれくらい時間がかかるでしょうか？私は、全部隊の全容を目撃するには、食事休憩なしでノンストップで観察し続けると約 3 週間かかると計算しました。それは驚くべき認識であり、戦争の真の規模がいかにとらえどころのないものであるかをさらに痛感させられた。

新しい師団、新陸軍の浴場を訪れたとき、軍隊のより鮮明なイメージが私に浮かびました。そこでは兵士たちが沐浴し、戦争の惨状から束の間の休息を得ていた。この設定は驚くほど英国的でした。おそらく兵士や将校が思っていた以上に英国的でした。浴場は、この目的のために再利用された大規模な工場内に収容されていました。若いサバルタンは間違いなく戦いに参加することに熱心だったが、この管理上の役割を任され、浴場を管理していた。彼は浴場の管理人であるだけでなく、兵士が入浴後に清潔な下着に着替えられるように洗濯作業も監督していました。洗濯場には地元の女性と少女が雇われており、非常に高い気温の中で精力的に働いていましたが、誰も暑さにひるむ様子はありませんでした。戦争という過酷で機械的な世界に数週間囲まれた後、優雅さと魅力を備えた女性たちは歓迎される光景でした。それらは驚くべきものでした。それはおそらく、長い間私たちの日常生活から欠けていた、人生のより柔らかく、より人間的な側面をつかの間思い出させてくれたからでしょう。

洗濯物の中には、博物館の奇妙な展示品があった。塹壕戦の初期に着られていたシャツや、着用者の一部となった汚物や不潔の残骸のコレクションだった。専門家によれば、これらのシャツは、そのまったくの乱れにおいて比類のないものだったという。それは奇妙で、ほとんどグロテスクな、戦争の深みへの賛辞でした。

浴場自体はシンプルでありながら効率的で、兵士たちが戦場の汚れをこすり落とすための大きな湯気を立てた大釜でした。250人の男性が1時間以内に入浴し、着替え、勤務の準備を整えることができました。もっと大きな集団なら午前中に自転車で通過することもできたが、作戦の真の規模は、不潔で疲れきった兵士の中隊が行進し、きれいになり、より落ち着いて自信に満ち溢れているように見えるのを見たときに初めて明らかになった。混乱の中でつかの間の休息だった。大勢の兵士が浴場に向かって行進し、またそこから行進していく様子を見て、はるかに大規模な軍隊が近くのどこかに隠れているのではないかという疑惑が高まった。

しかし、こうした軍の活動を垣間見ることができたにもかかわらず、私はまだ陸軍の広大さや複雑なインフラを真に理解していませんでした。私は供給線と資源の流れが西に向かってイングランドに戻っていくのを観察していました。ブローニュの病院で、私はこの物流の旅の次の段階を目撃しました。このプロセスは細心の注意を払っており、救護所から高度更衣ステーション、野戦救急車、そして最後に負傷者処理ステーションに至るまで、兵士たちが可能な限り最高のケアを受けられるように各ステップが設計されていました。ブローニュでは、何千人もの兵士が傷の治療を受けている病院を見ました。清算ステーションでも、事件を迅速に移動すること、つまり事件を分類し、さらなる治療のために送ることに重点が置かれていました。初期段階を通過した男性の中には、最終的には救急車やはしけに乗り込み、より集中的な治療を受けるためにイギリスに向けて出航する人もいます。

ブローニュでは、負傷者のケアに対する取り組みの規模の大きさが明らかになった。洗濯物だけでも町を飲み込むほど広大で、その洗濯物は処理のためにイギリスに送られた。しかし、このような環境であっても、主な目的は症例を解決し、できるだけ早く次の治療段階に移すことでした。

最も印象的な光景の一つは馬の病院でした。多くの馬が負傷し、甲羅に傷を負った馬もいたが、男性と同じように細心の注意を払って治療された。クロロホルム下で手術を受ける馬の姿が印象に残りました。手術後も目覚めようとしなかった動物は、優しくなだめられて生き返った。馬を生きて呼吸している生き物以外の何ものでもないと見ることは不可能であり、傷の治療を受けた男性たちと何ら変わりはありませんでした。

前線での最後の瞬間に、私は英国陸軍の真の規模を垣間見た。私は狭い木製の土手道に沿って歩き、最前線の防御を形成する土嚢壁を通り抜けました。潜望鏡を通して、敵の陣地と私たちを隔てる有刺鉄線が見えました。男性たちは戦闘の準備をしたり、小さな仕事をしたりして、視界に入ったり消えたりしていた。兵士たちは準備を整えていたが、雰囲気は前線の混乱とは程遠く、奇妙に穏やかだった。現地を案内してくれた少佐と別れるとき、私は自分が見ていた世界が想像していた世界とどれほど違っていたかを実感しました。

「それで、私たちの『塹壕』についてどう思いますか？」少佐は期待に満ちた声で尋ねた。

「わかりました」と私は答えましたが、私の反応は心からの熱意というよりも、習慣から出たものでした。私の短い答えで彼は満足しただろうかと思った。

立ち去るとき、私は今目撃したことを思い出さずにはいられませんでした。私は初めて、戦争が本当の意味で何であるかを理解しました。その先にあるあらゆるものを削り取る、複雑で容赦のない機械です。しかし、私はまだ、表面の下に見えないところにもっと多くのものがあるという感覚を払拭することができませんでした。そして出発するとき、私の考えはこれからの旅に向かい、無事に帰路に着くことができるだろうかと疑問に思いました。

# VI: ユニークな都市

イーペルに近づくと、民間のワゴンに出会いました。その中身は、質素な家の家具といくつかの長い金色の額縁の成形品の組み合わせでした。混乱のさなか、馬車に積まれた金色に輝く光景が私たちの注目を集めました。風は容赦なく強くて暖かく、道路と近くの線路の両方から砂埃を巻き上げ、空気が不快で濃くなっていた。遠くで砲撃の音が絶えず聞こえ、私たちを取り巻く危険を思い出させました。私たちは、長居を避けるために特定のエリアを急いで通過するよう何度も促され、私たちを乗せた車両には、短い不在中にどこに避難するかについて正確な指示が与えられました。

さらに進むと、道路脇の地面に砲弾が衝突し、土砂のシャワーとなって反対側の精神病院の屋根に石が衝突した場所を通り過ぎた。不思議なことに、精神病院自体は手付かずのようで、足元の道路も無傷でした。しかし、爆発による破片が屋根に散乱した。周囲に破壊の兆しがあったにもかかわらず、私たちはほとんど恐怖を感じませんでした。額縁職人が持ち物を持って逃亡する可能性は圧倒的に彼に有利に思えた。そして実際、彼はそうしました。それでも、この状況は私の中で奇妙な琴線に触れました。ドイツ人ではないあまりに敏感な心の持ち主にとって、この絵師が生計の手段を失った後、かつて栄華を極めたキャリアの残骸を取り戻すためだけに命を危険にさらさなければならないというのは、ほとんど不当なことのように思えた。

市のさらに奥地、郊外近くでは、ほとんど被害のなかった建物の上層階から板材を回収しようとしている二人の男性の姿を目撃した。建造物に残っていたのはこれだけであり、彼らはこれらの貴重な材料を回収するためにすべてを危険にさらしながら、決意を持って取り組みました。より広範な破壊という文脈において、彼らの努力はほとんど愚かにも英雄的であるように思えた。

私が最後にイーペルを訪れてから20年近くが経ちましたが、当時は街の修復工事が始まったばかりでした。織物会館や聖マルティン大聖堂などの歴史的建造物の修復が完了に近づいていたところに戦争が勃発し、ちょうど紛争が大惨事を引き起こす直前でした。一部のドイツ人が主張したように、この事実はベルギーがイギリスと共謀してずっと戦争の準備をしていたという理論を補強するものであり、不合理ではあるが広く流布されている主張である。ヨーロッパ最大の公共広場の 1 つであるグラン プラスはまだ認識できました。実際、中型客船がすっぽり収まるほどの広さでした。ロンドンにもニューヨークにも、1万トンの船がこれほど容易に停泊できる広場は他になかった。アラビア号のような1万5000トンの船でも、斜めではあるが入るだろう。

グランプラスは多くの歴史の証人でした。 13 世紀には、ここは 20 万人の織工が集い、活気に満ちた町の中心でした。しかし、何世紀にもわたって、地元の失政と外国の侵略が重なって、都市の人口は劇的に減少しました。16 世紀までにその数は 5,000 人に減り、20 世紀までには 17,000 人強にまで減少しました。今では完全に閑散としていた。街は人が住めなくなってしまった。私が訪問する数か月前、この街は活気に満ちていました。砲撃の第一波で逃げていた人々は少しずつ戻り始めたが、彼らの希望は長くは続かなかった。4 月の第 3 週までに、グランプラスには、鉄道駅の破壊を描いたポストカードを販売する屋台が並び、多少の商業が見られるようになりました。しかしその後、大規模な砲撃が起こり、それはまだ続いていたと聞いた。

惨状の程度を理解するには、聖マルティン大聖堂の中に足を踏み入れるだけで十分です。このゴシック様式の建造物は主に 13 世紀に建てられましたが、壊滅的な被害を受けていました。建設以来未完成のままだった この塔は、今となっては完成することはないだろう。 大聖堂の本体の大部分は廃墟となっていました。聖歌 隊席の屋根は完全に取り外され、後陣と初期ゴシック 様式の身廊の一部は吹き飛ばされていた。かつては息 を呑むような光景だった南翼廊のバラ窓は、何もなく なってしまった。内部では、建物の破壊された部分から の瓦礫が認識できないほど山のように積み重なり、か つては壮大だった内部を覆いました。壊れたレンガ、 石、塵の山は15,000〜20,000平方フィートに広がり、場 所によっては6〜7ヤードの高さにまで達した。まるで大 聖堂が地球そのものに飲み込まれたかのようだった。 危険な山脈に似ていたため、瓦礫の山を乗り越えるの は危険でした。

廃墟にもかかわらず、美しさの残骸がいくつか残ってい ました。祭壇の明るい色は周囲の荒廃とは対照的で、 オルガンは奇跡的に無傷で聖歌隊席の北側の壁に張 り付いていた。聖具室では、燭台や祭壇の調度品がピ クリン酸の腐食作用で黄ばんでいました。遠くから見る と、大聖堂は頑丈に見えましたが、中に入ると、壊れや すい遺跡がわずかな動揺で崩壊する可能性があると いう恐怖が明白でした。

大聖堂を出て、私は安堵感を感じましたが、その気持 ちも長くは続きませんでした。すぐ外で、私はこの惨状 を引き起こした破壊的な力に直面しました。17インチの 砲弾が幅50フィートのクレーターを残し、爆発は墓地で 発生し、残骸の中に死者の骨が散らばっていた。

おそらく大聖堂そのものよりも印象深い織物会館も、そ れ以上ではないにしても、同様の被害を受けていまし た。かつては建築の驚異であった 3 階建てのファサー ドは、部分的に崩壊した状態にありました。左側に大き な隙間があり、ガラスはとっくになくなっていました。ファ サードはわずかに前傾しているように見えましたが、それが目の錯覚なのか、それとも実際の構造の変化なのかはわかりませんでした。中央の塔は粉々になったが、まだ元の形の面影を残している。建物内部の残りの部分は、瓦礫の混沌とした混乱と化していました。織物会館の東端にある美しいニーヴェルクというルネサンス様式の建造物は、近くの市庁舎とともに完全に消滅していた。アーチ状の石積みの破片と瓦礫の山だけが、かつて彼らが立っていた場所を示していました。

グランプラス周辺エリアも同様でした。広場を歩き回っていると、瓦礫と廃墟に囲まれていることに気づきました。ノートルダム病院など、いくつかの建物は比較的無傷で残っていましたが、依然としてひどく汚損していました。しかし、広場の残りの部分は、砕かれた壁と崩れた建物の墓場に過ぎませんでした。特定の地域では、腐敗と死の匂いが空気中に漂い、戦争の代償を強烈に思い起こさせました。

ある時点で、私は破壊の壮大さを後世に伝えたいと考え、立ち止まって現場の大まかなスケッチを作成しました。かつて偉大だった建物の忘れられない残骸が残る目の前の光景は、あまりにも印象的だったので、イギリス政府にはその惨状の規模を世界に知らせるために、それを適切に撮影する義務があるのではないかと思った。

私は病院近くの砲弾穴の端に座っていましたが、建物が倒壊するのを恐れて、あえて近づきませんでした。風が私の周りでうなり、遠くで銃声が鳴り止みませんでした。英国の飛行機が上空を飛行し、その存在は戦争がまだ終わっていないことを思い出させました。私の周囲の通りは不気味なほど静かで、時折吹く突風や、遠くに聞こえる別の燃えている建物の煙を除いて。グランプラスは、かつては商業と生活の中心地として栄えていましたが、現在は荒廃し、戦争による破壊を思い出させる忘れられない場所となっていました。

「いつ砲弾がここに落ちてもおかしくない」と私は心の
中でささやきました。

恐怖が私の心に忍び込みましたが、驚くべきことに、私
を飲み込んだのは差し迫った砲弾への恐怖ではありま
せんでした。いいえ、それはもっと強烈なものでした。
圧倒的で息苦しいほどの孤独でした。ランスやアラスの
ような都市は、戦争の影響を受けましたが、依然として
人が住んでいたのです。郵便配達員、新聞社、商店、
さらにはカフェなど、日常生活のかすかなリズムでハミ
ングする人々がいました。しかし、イーペルには何もあ
りませんでした。喧騒もなければ、生活もありません。ど
の通りも何もない砂漠のように感じられ、最も基本的な
存在の兆候さえありませんでした。残骸をあさる犬は一
匹もいなかった。沈黙は息苦しいほどで、目に見えな
い重みが胸を圧迫するように重かった。

混乱を避けるために、私は参謀に、彼が戻ってくるまで
広場の位置を離れないことを約束しました。私たち二
人とも、この殺伐とした人気のない街で、うっかりかくれ
んぼをして、迷路のような街路をさまよう危険を冒したく
なかったのです。こうして私は一人取り残され、私を取
り囲む広大な空虚の囚人となったのです。私は仲間た
ちが戻ってくることを切望していました。

突然、遠くで声と足音がかすかに響きました。角を曲がったところから二人のイギリス兵が現れ、ゆっくりと広場を横切っていった。広大な空の空間に対して、それらは小さく、ほとんど取るに足らないものに見えました。私は突然彼らに近づき、話したいという衝動を感じましたが、私にはよくわかっていました。英国人は、特にイーペルのような場所ではそんなことはしません。私たちは何気なく視線を交わし、それ以上でもそれ以下でもなく、それぞれがすべてが完全に正常であるふりをしていました。

彼らが見える限り、彼らの存在が胸の中に募る不安を打ち消してくれるような、不思議な安心感を覚えた。しかし、彼らが遠くに消えた後、恐怖が戻ってきて、以前よりも強くなりました。それは単なる恐怖ではありませんでした。それはすべてを包み込む恐怖の感覚であり、私の神経を蝕み、暗い考えで心が高鳴る不安な感覚でした。

そのシーンをスケッチすると約束していたので、仕事に取り掛かりましたが、それは願望というよりも義務からでした。任務が完了すると、私は立ち上がって、自分の小さな隅の制限から逃げ出したいと思っていました。私は友人が戻ってくるのを見つけたいと思って通りを歩き回りましたが、見つけたのは私を悩ませていたのと同じ空虚さだけでした。私は落ち込んでイライラし、前線に出るという決断を正直に後悔しました。私は生きてイーペルを離れることはできないかもしれないという気持ちを払拭することができませんでした。

ついに参謀が近づいてくるのが見えたとき、安堵感が私の中にあふれました。しかし、その寂寥感は消え去ることを拒む暗雲のように、その後もずっと残り続けた。

戦争に見舞われた多くの場所と同様、イープルにもかつては活気に満ちた街路がありました。主要道路の一つ、リール通りが私の記憶の中で際立っていました。それは織物会館の反対側からリール門まで伸び、ドイツ軍の前線に向かって続いていた。この通りは、その見事な建築物で有名でした。13 世紀に年配の女性のための保護施設だったホスピス ベル、骨董品でいっぱいのかつてはホテル メルゲリンクだった博物館、そしてブルージュの同名ほどではありませんが、聖ヨハネ病院もありました。美しいゴシック様式の建物であるメゾン・ド・ボワは通りの端に堂々と立っており、14 世紀の建造物であるステーネンは町の郵便局として改装されていました。

しかし、今リール通りを歩いていると、その忘れられない荒廃感に衝撃を受けました。奇跡的に無傷に見えた郵便局を除いて、通りの残りの部分は廃墟となっていました。建物の壁は粉々に砕け散り、石の亀裂から雑草が生え、風に乗って塵が空中を舞い、幽霊のような街の残骸を吹き抜けた。過去の名残を隠していた壊れた石積みから立ちのぼる腐敗臭が漂っていた。あたかも通り自体が、かつて活気に満ちた生活の喪失を嘆いているかのようでした。

脇道に入り、レース職人の家と思われる家の前を通りました。これらの小さな家々は、とても質素で目立たず、荒廃の影響を受けていないようでした。ドイツ軍は細心の注意を払ってそのような街路を砲撃から免れただろう、なぜなら彼らの破壊の壮大な計画においてそれらは取るに足らないものだったからである。しかし、私は、信じられないほど詳細な地図を頼りに、どうやって大砲を使ってこれほど正確な命中精度を実現できたのか不思議でなりませんでした。これらの地図の一部は欺瞞によって入手されたものであり、ドイツの工作員が情報収集のために国民を装ったのではないかと噂された。

街路は人の手が入っていないように見えましたが、その静けさは不安を感じさせました。小さな家々のドアが大きく開け放たれており、部屋が乱雑に並んでいた。小さな応接間には、雑然としていながらも、日常生活の名残が残っていました。かつては愛情を込めて配置されていた家具が、今では急いで脇に捨てられていました。マントルピースには装身具が乱雑に置かれ、引き出しは空にされずに開け放たれたままで、あたかも住民の生活が突然中断されたかのようでした。

これらの質素な家々がどれも似ていて、インテリアの簡素さという点ではほとんど同じだったのは印象的でした。お互いの人生を映し出すというこの共通の野心は、その悲劇的な単純さにもかかわらず、感動的でした。街路自体が、人生が中断され、生涯の思い出や持ち物を残して急いで逃げる女性や子供たちの物語を物語っているようでした。

内装は調理器具、衣類、中断された人生の小さな思い出など、家族の生活のスナップショットだったが、私は二階に上がるのをためらった。略奪が固く禁じられていることは知っていましたし、その規則を尊重しましたが、忘れられた世界への訪問者のように感じずにはいられませんでした。家から家へと歩いていると、不気味な静けさが私を圧倒しました。これらの家は、かつては日常生活のリズムとともに生きていましたが、今では失われたものを思い出させる空虚な存在として立っています。

すべてがあっという間に変わってしまったことに衝撃を受けました。ついさっきまで、これらの家は家だった。その後、突然、広範囲に警報が鳴り響き、瞬く間に街は活気のない廃墟となり、以前の住人もいなくなりました。彼らがどこに行ったのか、私は決して尋ねませんでした。それは無意味に思えた。彼らは広大な難民の海に吸収され、ただ消え去っただけだった。

町の向こうには、荒れ果てた郊外も廃墟となっていた。工場は錆びた骸骨のように立ち並び、運河は停滞して忘れ去られ、鉄道の駅は侵入する雑草に放置されて沈黙したままだった。まるで時間そのものが止まったかのように感じられ、かつては繁栄していたコミュニティの残骸だけが残されました。

郊外からそれほど遠くないところにドイツ軍の砲兵陣地があり、その砲撃はイーペルの中心部に直接向けられていた。これらは、殲滅技術の完成に人生を捧げた男たちによって導かれた破壊兵器でした。彼らの周りには、かつては自由人であった兵士たちが、今では単なる戦争の道具と化し、残忍な効率性で命令を遂行していた。

イープルに降り注いだ砲弾はそれぞれ綿密な計画の産物であり、綿密な計算に基づいて比較検討され決定された命令の直接の結果でした。この古代都市の破壊は偶然ではありませんでした。それは美しいものを消去するための意図的で意図的な努力でした。将軍たちは、命中が成功するたびに、厳しい満足感に満ちた顔で祝った。「大聖堂にまた砲弾が！」彼らは叫ぶだろう。「織物会館に穴が！」こうしてイーペルはゆっくりと瓦礫と化し、数世紀にわたる歴史は打ち砕かれた。

「しかし、結局のところ、これは戦争なのです」とあなたは言うかもしれない。そしてはい、おそらくそれは真実です。しかし、戦争中でも、立ち止まってその悲劇すべてを振り返る瞬間があります。

イーペルの将来は不確実ではありますが、依然として想像力を魅了する主題です。ひどい苦しみに耐えてきた多くの都市の１つにすぎませんが、歴史の中でユニークな位置を占めていることは間違いありません。多くの小さな町や村はイープルと同様の破壊を経験しており、場合によってはそれ以上の破壊に耐えた可能性さえあります。しかし、これまでのところ、歴史的、商業的、芸術的重要性においてイーペルほど大きな被害を受けた都市はありません。これは、戦争中にドイツ軍がベルギーにもたらした惨状の悲劇的な象徴として立っています。

イーペルはカレーへの道沿いにありましたが、この戦略的な道に近かったことが破壊の本当の原因ではありませんでした。たとえドイツ軍の砲撃が街を廃墟と化さなかったとしても、カレーへの道は彼らの軍備にとって決して容易なものではなかっただろう。イーペルは軍事拠点となることを意図したものではなく、軍事拠点としての役割を果たすことはできませんでした。もしドイツ軍がイーペル近郊に駐屯するイギリス軍を破ることができれば、まるで無防備な野原を猛獣が通り抜けるかのように、ほとんど抵抗なく市内を通過できただろう。

イーペルの本当の犯罪は、その不運な立地にありました。それは挫折し激怒した敵軍の進路上にあり、その圧倒的な数的優位性と巨大な火力にも関わらず、その地域で小規模ではあるが断固たるイギリス軍を動かすことができなかった。傲慢さと自信過剰に満ちたドイツ軍は、突破できないことに当然のことながら激怒した。彼らは怒りに任せて、欲求不満を解消するために何かを破壊しようとしました。その結果、大聖堂や織物会館など、イーペルで最も貴重な建築物や文化的ランドマークが破壊され、彼らの見当違いの怒りの重みで崩壊しました。しかし、都市の塹壕はそのまま残っていた。

イーペルのこの破壊は、無意味ではあるものの、ある心理的真実を含んでいます。それは圧倒的な無力感、戦場で勝利が得られなかったときに何かを破壊したいという切実な欲求の結果でした。この心理的現実は、歴史と美の都市イープルがなぜ瓦礫と化したのかについての洞察を与えてくれます。それは都市の歴史の一章の終わりと、新たな不確実な未来の始まりを示します。

イーペルの将来を理解するには、イーペルが受けた被害を評価することが不可欠です。都市は荒廃しましたが、完全に破壊されたわけではありません。7月に訪れたとき、イープル市内の建物の約半数は、傷つきながらもまだ残っていた。これらの建造物は戦争の惨禍によって損傷を受けていますが、多くはすぐに修復できます。イーペルの住民の多くは避難民だが、経済状況が良好であれば、最小限の困難で故郷に戻ることができる。ベルギーの勤勉な国民が失われたものを再建するため、経済状況が改善することは避けられない。

しかし、イーペルの市民生活や文化生活の中心にあった、街の最も象徴的な建造物は失われてしまいました。完全に破壊されたグランプラスを例に考えてみましょう。イープルがかつての栄光に似た形で復興しようとするならば、かつてグランプラスに並んでいた建物は完全に再建される必要がある。これらの構造物の基礎は瓦礫の下に埋もれているため、これには多大な労力が必要となります。グランプラスには少なくとも 150 の個人所有の建物があり、それぞれが複数階建てで、それぞれがかつてはそれらを所有する人々にとって重要な収入と生計の源であったと私は推測しています。かつてイープルを故郷と呼んだ人々は今、ヨーロッパ中に散らばり、貧しく失望している。同じ惨状がリール通りなど他の重要な通りにも広がっている。

イーペルの不動産の所有者が戻って再建を試みるなら、その仕事の規模は膨大なものになるだろう。それには、計り知れない自発性、回復力、そして最も大胆な者さえひるむほどの未来への信念が求められるだろう。さらに、ヨーロッパは戦争からの復興の真っただ中にあるため、再建という課題は金融資本と労働力の両方の不足によって妨げられるだろう。あらゆる分野で労働者が必要となるため、労働力不足は金融問題よりも深刻になる可能性が高い。基礎の撤去から住宅の改修、テナント探しに至るまで、再建の規模は膨大であり、これは気が遠くなるような、おそらく不可能な仕事となるだろう。

ある意味、イーペルは完全に回復することはありません。もし都市が再建されれば、かつての面影はなくなり、かつてそこで起こった恐怖を思い出させることになるだろう。新しいイーペルは、廃墟の中にあるキャンプ、人々が集まる一時的な居住地となるが、街のかつての活力が完全に戻ることはない。永遠ではないにしても、今後何世代にもわたって、イープルは戦争の無意味な暴力と、それを引き起こした人々の愚かさの証拠であり続けるでしょう。

戦争直後、イープルは歴史的に重要な場所になる可能性が高い。世界中から観光客や観光客が集まります。ホテルやガイドも出現し、破壊の様子を直接目撃しようと観光客が大挙して遺跡を訪れるだろう。間違いなく、この不気味な光景から利益を得て、街の悲劇を収入源に変える人もいるでしょう。これはイーペルの人々にとって厳しい運命ですが、避けられない運命です。イーペルを訪れ、その歴史を知る人が増えれば増えるほど、人類の進歩への期待は大きくなります。

織物会館のファサードが保存できるのであれば、1914
年 7 月 31 日の出来事を記念する碑文を刻むべきであ
る。この日、ドイツはベルギーに対して中立を尊重する
と約束したが、数日後にその約束を破ることになった。
碑文には次のように書かれていました。

「1914年7月31日、ブリュッセルのドイツ公使は、ドイツに
はベルギーの中立を侵す意図はないと、積極的かつ
厳粛に保証した。4日後、ドイツ軍がベルギーに侵攻し
た。周りを見回してください。」

イープルの廃墟を歩いていると、ドイツ政府の自らの行
為を正当化しようとする恥知らずな試みに対して、軽蔑
と怒りが入り混じった感情を感じずにはいられません。
ドイツが自らの行為に対して提示した言い訳は、卑劣
で、見当違いで、不条理であり、都市破壊の現実とは
全く対照的である。しかし、ドイツがいつか自らの犯した
罪を後悔する日が来ると知ると、ある種の厳しい満足感
がある。かつて軍事力を誇っていた指導者たちは今、
自らの行為の結果に直面しており、傲慢と野蛮がもたら
す避けられない余波に備えて震えているだろう。


終わり

アルメイダ・フェルナンデス著